Christine Caine

Unverwüstliche Hoffnung

Über die Autorin

Christine Caine ist eine gefragte Referentin und Autorin. Gemeinsam mit ihrem Ehemann Nick hat sie 2008 *A21* gegründet, eine der weltweit größten gemeinnützigen Organisationen, die sich um Opfer von Menschenhandel kümmert. 2015 rief sie *Propel Women* ins Leben, eine Organisation, die Frauen ermutigt, ihr Potenzial zu entdecken und ihre Leidenschaften und Ziele zu verfolgen.

Christine und Nick leben mit ihren Töchtern Catherine und Sophia in Südkalifornien.

Christine Caine

unverwüstliche HOFFNUNG

Wie du in einer unberechenbaren Welt zuversichtlich leben kannst

Aus dem Englischen von Martina Merckel-Braun

GerthMedien

MIX
Papier | Fördert gute Waldnutzung
FSC® C014496

Dieses Buch wurde unter dem Originaltitel *Resilient Hope. 100 Devotions for Building Endurance in an Unpredictable World* veröffentlicht. Published in Nashville, Tennessee, by Thomas Nelson. Thomas Nelson is a registered trademark of HarperCollins Christian Publishing, Inc.
Published by arrangement with HarperCollins Christian Publishing, Inc.

1. Auflage 2024
Bestell-Nr. 821034
ISBN 978-3-98695-034-7

Umschlaggestaltung: Hanni Plato
Umschlagfoto: Shutterstock, marukopum
Satz: Uhl + Massopust, Aalen
Druck und Verarbeitung: GGP Media GmbH, Pößneck
Printed in Germany

www.gerth.de

Für meine liebe Freundin Dawn Jackson.
Deine Leidenschaft fürs Bergwandern hat mir
eine ganz neue Welt eröffnet.

Inhalt

Vorwort

Es gibt nur wenige Sportereignisse, die mich so begeistern und gleichzeitig zu Tränen rühren, wie die Olympischen Spiele. Vielleicht liegt es daran, dass ich griechisch-stämmig bin und mir immer vorstelle, eines Tages die olympische Fackel zu tragen, oder daran, dass ich insgeheim gern selbst an den Spielen teilnehmen würde. Wenn ich ehrlich bin, wahrscheinlich beides.

Wenn ich vor dem Fernseher sitze, staune ich immer über die Kraft und Entschlossenheit der Wettkämpfer. Selbst wenn ich etwas über vergangene Olympische Spiele oder über berühmte Athleten lese, die allen Widrigkeiten zum Trotz gesiegt haben oder ein erstaunliches Comeback geschafft und eine Medaille gewonnen haben, platze ich regelrecht vor Stolz.

Eine meiner liebsten olympischen Geschichten hat mit einem Läufer aus Tansania zu tun – John Stephen Akhwari –, der 1968 an den Olympischen Spielen in Mexico City teilnahm. Er trat beim Marathonlauf der Männer an und war einer von vierundsiebzig Teilnehmern, die die 42,195 Kilometer lange Strecke bewältigen wollten. Sie starteten gemeinsam um drei Uhr nachmittags, zur heißesten Zeit des Tages. Ein paar Stunden später hatten sie alle entweder die Ziellinie überquert oder waren unterwegs ausgeschieden. Alle außer John.

Schon kurz nach dem Start bekam er einen Wadenkrampf. Mexico City liegt auf einer Höhe von 2.240 Metern und seine Heimat auf einer Höhe von 200 Metern. Da John kein Höhentraining absolviert hatte, kam sein Körper mit diesen Bedingungen nicht zurecht. Als er trotz seiner schmerzenden Wade fast die halbe Strecke geschafft hatte, gab es in seiner Läufergruppe Gerangel um die beste Position. Dabei wurde John umgestoßen und fiel auf den

Asphalt. Er verletzte sich das Knie, die Kniescheibe sprang heraus, und er zog sich eine Schulterverletzung zu. Nachdem seine Wunden am Straßenrand versorgt worden waren, begab er sich zurück auf die Strecke und lief weiter.

Beinahe eine Stunde lang hinkte John vorwärts. Und fiel erneut hin. Er stand auf und hinkte weiter. Manchmal konnte er nur noch vorwärtskriechen, dann stand er mühsam wieder auf und stolperte weiter. Die Streckenposten flehten ihn an aufzugeben. Aus dem Rennen auszuscheiden. Aber das tat er nicht. Als er endlich ins Stadium humpelte, waren die meisten Zuschauer schon gegangen. Doch unter dem Applaus und den Jubelrufen der übrig gebliebenen Fans hinkte er über die Ziellinie in die Arme der Sanitäter.

Als John gefragt wurde, warum er nicht aus dem Rennen ausgestiegen war, brachte er seine Motivation auf den Punkt: „Mein Land hat mich nicht 5000 Meilen weit geschickt, damit ich an den Start gehe, sondern damit ich ins Ziel komme.“[1]

Stell dir das einmal vor! Mich macht schon der bloße Gedanke daran fertig. Johns Geschichte hat es als „Der großartigste letzte Platz aller Zeiten“ in die Annalen der Olympischen Spiele geschafft. Eine treffende Beschreibung. Ich frage mich: Wenn er als Erster ins Ziel gekommen wäre und die Goldmedaille gewonnen hätte, wäre ihm dann jemals klar geworden, wozu er wirklich imstande war? Wir werden es natürlich nie erfahren, aber was mich an Johns Geschichte fasziniert hat, ist Folgendes: Obwohl er so starke Schmerzen hatte, unter so großem emotionalem Druck stand und gegen solche Widerstände anzukämpfen hatte, gab es irgendetwas in ihm, das ihn weitermachen ließ. Das seine Leidenschaft am Brennen hielt. Das ihm die Kraft gab, dem Unmöglichen zu trotzen. Das ihm half, unbeirrt weiterzulaufen, obwohl alles gegen ihn sprach. Das ihn dazu brachte, den Lauf zu beenden, den er begonnen hatte. Ich weiß zwar nicht, auf welche Kraftreserven er in diesen Momenten zurückgriff, aber ich kann sehen, dass er über ungeheure Kraft verfügte.

Ich möchte in geistlicher Hinsicht so sein wie John. Ich habe zwar nicht vor, wie er einen Marathon zu absolvieren, aber ich nehme an einem geistlichen Lauf teil. Und während ich laufe, möchte ich erfüllt sein von einer Vision, von Leidenschaft, Entschlossenheit und Mut.[2] Ich möchte alle Absichten erfüllen und alle Ziele erreichen, die Gott für mein Leben hat. Ich möchte unbeirrt meinem Weg folgen, bis ich einmal die Ziellinie überquere. Welche Steine mir auch in den Weg gelegt werden und was mich auch zurückhalten will, ich möchte wie der Apostel Paulus sein, der gegen Ende seines Lebens an seinen Schützling Timotheus schrieb: „Ich habe den guten Kampf gekämpft, ich habe das Ziel des Laufes erreicht, ich habe am Glauben festgehalten."[3] Um das zu tun, werde ich zweifellos etwas brauchen, das größer ist als ich. Etwas in mir *und* außerhalb von mir. Etwas, das ich nur von Gott bekommen kann. Der Verfasser des Hebräerbriefes hatte einen Namen für dieses „Etwas". Er nannte es *Kraft zum Durchhalten.*

„Ihr braucht Kraft zum Durchhalten, damit ihr weiterhin tut, was Gott von euch will, und so auch bekommt, was er versprochen hat."[4]

Durchhaltevermögen. Genau das brauchen wir, um in diesem Leben bestehen zu können. Trotz aller widrigen Umstände. Trotz aller Widerstände. Trotz aller Rückschläge, Enttäuschungen und unerfüllten Träume. Wenn sich nichts so entwickelt, wie wir es erwartet haben. Wenn wir trotz aller Schmerzen wieder aufstehen und weiterlaufen müssen. Genau das brauchen wir, um zu beenden, was wir angefangen haben.

Durchhaltevermögen wird definiert als „Fähigkeit, schwierige, eintönige oder kraftraubende Situationen durchzustehen".[5] Das Vermögen, unter schwierigen Umständen weiterzumachen. Die Kraft, Schmerzen oder Problemen standzuhalten. Die von Hoffnung getriebene Stärke, die bis zum Ende durchhält. Im griechischen Original steht an dieser Stelle *hypomonē,* (Geduld, Dulden, Ertragen, Ausdauer), ein zusammengesetztes Wort, das von *hypomenō*, „unter etwas bleiben" abgeleitet ist.[6] Wir entwickeln also dadurch Durchhaltevermögen, dass wir Druck standhalten – etwas, das wir von Natur aus lieber vermeiden.

Ich versuche schon mein ganzes Leben lang, diese Fähigkeit zu entwickeln – in geistiger, emotionaler, geistlicher und körperlicher Hinsicht. Und ich habe herausgefunden, dass diese Bereiche alle miteinander zu tun haben. Als 2020 die Pandemie begann und eine Reihe von Quarantänebestimmungen in Kraft traten, konnte ich nicht länger reisen und persönlich auf Veranstaltungen sprechen, auch wenn ich damals zahlreiche Botschaften für Gemeinden auf der ganzen Welt aufnahm. Weil ich völlig unerwartet monatelang zu Hause war, lud meine Freundin Dawn, die in ihrem Leben mehr Wanderungen, Langstreckenläufe und Bergtouren unternommen hat, als ich jemals bewältigen werde, mich dazu ein, mit ihr in den Bergen Südkaliforniens Wandertouren zu unternehmen. *Warum nicht?*, dachte ich. *Ich wohne schon so lange in Amerika und hatte noch nie Zeit, die wunderbare Landschaft zu erkunden. Das ist meine Chance!*

Ich hatte ja keine Ahnung, wie Gott diese Entscheidung für seine Pläne nutzen würde.

Ich griff Dawns Vorschlag auf und begann, mich auf jede nur erdenkliche Weise auf die bevorstehende Herausforderung vorzubereiten. Ich trainierte Kraft und Ausdauer und entwickelte mit der Zeit den Mut, auch größere Strecken in Angriff zu nehmen und das zu tun, was ich nie zuvor getan hatte. Tief in meinem Innern wusste ich, dass Gott meine Fähigkeiten erweitern wollte, vor allem in geistlicher Hinsicht. So wie er bisher viele andere Aktivitäten in meinem Leben genutzt hatte, zum Beispiel Laufen, Gewichtheben und sogar Boxen, würde er mich nun durch das Bergwandern formen und verändern. Ich hatte keine Ahnung, wie, aber ich war bereit.

Aber um ehrlich zu sein, dachte ich sehr wenig über Gott und geistliche Prinzipien nach, als wir ein Wochenende nach dem anderen zu unseren Hikes aufbrachen. Ich war hauptsächlich damit beschäftigt zu überleben. Oft marschierten wir sechs oder acht Stunden lang und bewältigten innerhalb weniger Stunden Höhenunterschiede von 1400 Metern. Wenn wir einen Gipfel erreicht hatten, nahmen wir den ebenso gefährlichen Abstieg in Angriff, der genauso viel Können, Beharrlichkeit und Durchhaltevermögen erfordert wie der Aufstieg.

An den Tagen, die auf eine solche Bergwandertour folgten, erholte ich mich und unternahm lange Strandspaziergänge, bei denen mir Unmengen von geistlichen Wahrheiten klar wurden. Und aus diesen Wahrheiten ging dieses Buch hervor. Ich möchte dich dadurch inspirieren und dir helfen, selbst das Durchhaltevermögen zu entwickeln, das du brauchst, um dein Rennen zu laufen und die Absichten zu verwirklichen, die Gott vielleicht für dein Leben hat – auch bei widrigen Umständen. Oder gerade bei widrigen Umständen.

Gemeinsam werden wir erkunden, wie wir durchhalten können, was uns daran hindert, durchzuhalten, und wie wir bleibende Veränderungen vornehmen können, damit wir durchhalten. Kurz gesagt, ich werde all das an dich weitergeben, was ich Schritt für Schritt gelernt habe, während ich gewandert, gejoggt und die Berge in der herrlichen Landschaft Südkaliforniens – und darüber hinaus – erklettert habe.

Christine Caine

Teil 1

GLAUBE, VERTRAUEN UND KRAFT

Wenn du in die Berge gehst, betrachtest du sie und bewunderst sie. In gewisser Weise fordern sie dich heraus, und du versuchst, diese Herausforderung anzunehmen, indem du sie besteigst.

Edmund Hillary

1

Erstaunlicher Glaube

Da ging Jesus mit ihnen. Doch kurz bevor sie das Haus erreichten, schickte der Hauptmann ihm ein paar Freunde entgegen und ließ ihm ausrichten: „Herr, mach dir nicht die Mühe, in mein Haus zu kommen, denn eine solche Ehre verdiene ich nicht ... Sprich einfach ein Wort, und mein Diener wird gesund werden." ... Als Jesus das hörte, staunte er. Er wandte sich zu der Menge und sagte: „Ich sage euch, einen solchen Glauben habe ich in ganz Israel nicht erlebt!"
Lukas 7,6–9

Als Jesus diesem Hauptmann begegnete, staunte er über dessen Glauben. Das griechische Wort für „staunen" ist *thaumazo* und bedeutet so viel wie „sich wundern, erstaunt sein; bewundern". Was in aller Welt könnte Jesus jemals dazu veranlassen, sich zu wundern oder erstaunt zu sein? Er hat die Sterne und den Mond ans Himmelszelt gesetzt. Er hat buchstäblich alles gesehen und *weiß alles.* Aber aus irgendeinem Grund staunte er über den Glauben eines Mannes, der davon überzeugt war, dass er (Jesus) seinen Diener heilen könnte. „Einen solchen Glauben habe ich in ganz Israel nicht erlebt", kommentierte Jesus.

Ich möchte einen Glauben wie dieser Hauptmann haben – einen Glauben, der Jesus erstaunt und ihn sagen lässt: „Einen solchen Glauben habe ich noch nicht erlebt." Ich möchte einen Glauben haben, der mich jederzeit darauf vertrauen lässt, dass Gott tun kann, was er versprochen hat, so unmöglich es mir auch erscheinen mag. Ich möchte glauben, dass es kein Herz gibt, das Gott nicht heilen kann, keine Vergangenheit, die er nicht in Ordnung bringen kann, keine Krankheit, die er nicht heilen kann, keine Beziehung, die er nicht wiederherstellen kann, keinen Menschen, den er nicht retten kann, keine Sünde, die er nicht vergeben kann, keine Not, die er nicht beheben kann, kein Gebet, das so groß ist, dass er es nicht beantworten kann.

Und es ist riskant, einen solchen Glauben zu haben, denn es bedeutet, dass man Gott und seinem Wort vertraut. Es bedeutet, daran zu glauben, dass Gott gut ist, dass Gott Gutes tut und dass Gott für mich alles zum Guten führt, auch wenn „alles" manchmal nicht gut aussieht. Es bedeutet, darauf zu vertrauen, dass Jesus der ist, der er zu sein behauptet, und das tun wird, was er gesagt hat, auch wenn es viel länger dauert, als mir lieb ist, oder anders geschieht, als ich es mir vorgestellt habe. Es bedeutet, Jesus nachzufolgen, auch wenn die Welt um mich herum mich ständig daran erinnert, dass mein Glaube keinen Sinn ergibt. Dass es dumm ist, an Jesus zu glauben.

Dieses Vertrauen ist für mich keine Selbstverständlichkeit. Trotzdem bin ich bereit, es zu riskieren. Wie ist es mit dir? Bist du bereit, ihm vorbehaltlos zu vertrauen? Auch wenn in deinem Leben vielleicht manches nicht so verlaufen ist, wie du es dir gewünscht hast, wird sich an einer Sache nie etwas ändern: Gott hat dich in voller Absicht und zu einem ganz bestimmten Zweck erschaffen. Er hat dich genau zur richtigen Zeit auf diese Welt kommen lassen und hat dir Gaben und Talente gegeben, damit du sie einsetzt und deinen Zeitgenossen damit dienst. Er möchte, dass du einen unerschütterlichen Glauben hast, der allen Rückschlägen und Herausforderungen standhält. Einen Glauben, der ihn zum Staunen bringt.

Himmlischer Vater, ich will mich heute bewusst dafür entscheiden, dieses Risiko einzugehen. Ich will dir mehr vertrauen, als ich es bisher vielleicht getan habe. Ich möchte alles tun, wozu du mich berufen hast – schenk mir einen solchen erstaunlichen Glauben! Amen.

2

Beharrlicher Glaube

Denn wir leben im Glauben und nicht im Schauen.
2. Korinther 5,7

Gott lädt uns ein, ihm zu vertrauen und zu glauben, ohne dass wir ihn immer so richtig erleben. Aber das ist leichter gesagt als getan. Es wird immer Situationen geben, die wir nicht erklären können und in denen wir Gott von ganzem Herzen vertrauen und der Versuchung widerstehen müssen, mit aller Gewalt etwas verstehen zu wollen, das wir nicht verstehen *können*. Es hilft uns nicht weiter, wenn wir uns schlaflos im Bett herumwälzen und ständig über Gespräche und Ereignisse und all das nachdenken, was wir anders hätten machen können. Ich weiß das, weil ich es immer wieder versucht habe, und es klappt nicht – niemals.

Was aber klappt, ist, Gott all die Fragen zu stellen, die wir im Herzen und im Kopf bewegen – vor allem dann, wenn wir etwas durchgemacht haben, das unseren Glauben auf die Probe stellt. Schon allein diese Fragen zu stellen, „aktiviert" gewissermaßen unseren Glauben und führt dazu, dass wir weiterhin vertrauensvoll leben können – auch wenn wir vielleicht keine eindeutigen Antworten erhalten.

Auch in meinem eigenen Leben gibt es einen Berg unbeantworteter Fragen, die sich auf Situationen beziehen, in denen ich verletzt worden bin. Als ich betrogen wurde. Als ich enttäuscht wurde. Als ich versagt habe und die Dinge sich nicht so entwickelt haben, wie ich erwartet oder geplant hatte. Als Menschen, die ich geliebt habe, viel zu früh gestorben sind. Als Stürme oder Krankheiten über mich hereingebrochen sind. Aber Gott lädt mich ein, ihm meine Fragen zu stellen – und er möchte, dass du auch deine stellst.

Wenn wir uns an ihn wenden, dann müssen wir auf seinen Charakter vertrauen. Das bedeutet: Unabhängig davon, was uns jemand angetan hat oder was uns solche Sorgen bereitet, vertrauen wir darauf, wer bzw. wie Gott ist: Er ist gut, heilig, treu, freundlich, fürsorglich, liebevoll, gnädig und gerecht – und er hat alles unter Kontrolle.

Auch in den Zeiten, in denen wir keine Antwort erhalten, dürfen wir weiter aus dem Glauben heraus leben und unser Vertrauen an ihm festmachen – und nicht an den Antworten oder daran, dass wir alles verstehen. Antworten helfen, aber sie sind nicht das Fundament eines unerschütterlichen Glaubens.

Gibt es eine Frage, die dir heute im Kopf herumgeht? Wende dich damit an Gott. Selbst wenn es etwas ist, das du ihn schon tausendmal gefragt hast. Und wenn du es tust, dann sei bereit, ihm tiefer zu vertrauen als je zuvor. Vertraue auf seinen Charakter. Vertraue darauf, wer bzw. wie er ist. Sei bereit, im Glauben und nicht im Schauen zu leben, heute und in alle Ewigkeit.

Vater, ich will dir vertrauen und will mich darauf verlassen, dass du es gut mit mir meinst. Ich setze mein Vertrauen in dich, ob ich nun alles verstehe, was in meinem Leben passiert, oder nicht. Ich will glauben, ohne dass ich dich immer so richtig erlebe oder Antworten bekomme. Amen.

3

Im Glauben leben

Mein altes Leben ist mit Christus am Kreuz gestorben.
Darum lebe nicht mehr ich, sondern Christus lebt in mir!
Mein vergängliches Leben auf dieser Erde lebe ich im Glauben an Jesus Christus, den Sohn Gottes, der mich geliebt und sein Leben für mich gegeben hat.
Galater 2,19–20 (Hoffnung für alle)

Heutzutage hält man uns Christen oft für dumm oder naiv, weil wir an Gott glauben. Manchmal sind wir in der Schule, am Arbeitsplatz und im gesellschaftlichen Umfeld von Menschen umgeben, die andere Überzeugungen haben, und es kann passieren, dass sie uns für dumm halten, wenn wir an Jesus und all das glauben, was er in uns und durch uns tun kann. Da ich in Australien aufgewachsen bin, einem Land, in dem weniger als zwei Prozent der Einwohner eine Kirchengemeinde besuchen, bin ich daran gewöhnt. Deshalb habe ich schon vor langer Zeit beschlossen, dass mich nichts daran hindern wird, an Gott zu glauben und entsprechend zu leben.

Wenn die Leute mich zum Beispiel fragen, ob ich wirklich an das glaube, was in der Bibel steht, sage ich sofort Ja. Wenn sie fragen, ob ich wirklich glaube, dass Jesus das Kind einer Jungfrau war, sage ich sofort Ja. Wenn sie mich fragen, ob ich wirklich glaube, dass Jesus gestorben ist, begraben wurde und von den Toten zurückgekehrt ist, sage ich sofort Ja. Sie können mich alles fragen, was in der Bibel steht. Mose und das Rote Meer. Jona und der Wal. Daniel und die Löwengrube. Such dir irgendeine Geschichte aus – ich glaube sie alle!

Warum? Weil Christus in mir lebt und weil ich ihm vertraue. Ich verstehe vielleicht nicht alles, aber ich glaube alles. Ich bin einfach fest davon überzeugt, dass diese Welt uns braucht. Sie braucht Menschen, die Gott vertrauen, die an ihn glauben und bereit sind, im Einklang mit all dem zu handeln, was sie glauben und als biblische Wahrheit bekennen. Das gehört einfach dazu, wenn wir Durchhaltevermögen entwickeln wollen.

Ich habe heute weniger als je zuvor ein Problem damit, wenn andere mich für dumm halten, wenn ich eine Frau bin, die sich darüber freut, mit Jesus unterwegs zu sein. Die den Mut hat zu glauben, dass das Beste erst noch kommt und nicht schon hinter uns liegt – einfach deshalb, weil Gott groß ist. Weil er der ist, der er zu sein behauptet. Weil er tun wird, was er versprochen hat.

Hast du Lust, dich mir da anzuschließen? Lass uns heute gemeinsam unsere persönliche Hingabe an Jesus erneuern. Lass uns daran denken, dass wir mit ihm am Kreuz gestorben sind und dass nicht mehr wir diejenigen sind, die leben, sondern Christus lebt in uns. Lass uns an den Sohn Gottes glauben, der uns liebt und sein Leben für uns gegeben hat.

Vater, ich bin dankbar, dass Jesus in mir lebt. Ich glaube an dich, und ich will heute neu beschließen, aus dem Glauben heraus zu leben. Amen.

4

Mit Glauben beschenkt

Im Auftrag Gottes warne ich jeden von euch: Seid ehrlich in eurem Urteil über euch selbst und messt euch daran, wie viel Glauben Gott euch geschenkt hat.
Römer 12,3

Es gibt etwas, das für das Gelingen einer Wandertour von entscheidender Bedeutung ist. Dieses „Etwas" geschieht nicht irgendwo im Verlauf der Strecke. Es geschieht nicht am Ausgangspunkt. Es geschieht auch nicht auf der Fahrt dorthin. Es geschieht in den Tagen und Wochen vorher. Wenn ich mich darauf vorbereitete, mit meiner Freundin Dawn Berge in Südkalifornien zu besteigen, schickte sie mir oft Textnachrichten darüber, wo wir hingehen würden, wie hoch der Höhenunterschied auf der Strecke sein würde und wie viele Meilen wir zurücklegen würden. Sie empfahl mir Nahrungsergänzungsmittel, mit deren Einnahme ich einige Tage vor unserem Aufbruch beginnen sollte, um mit der Höhe zurechtzukommen, und schrieb mir, welche Lebensmittel ich einpacken sollte, damit ich genug Energie hatte. Sie informierte mich über die Wetterbedingungen und erinnerte mich daran, welche Art von Kleidung ich tragen sollte, wie schwer meine Jacke sein durfte und welche Ausrüstungsgegenstände ich benötigen würde.

Mit der Zeit erkannte ich, dass die richtige Ausrüstung von entscheidender Bedeutung ist, will man unterwegs sicher sein und den ganzen Tag durchhalten – das gilt für jede Art von Wanderung, ob sie nun einen Berg hinauf, durch die Wildnis oder über eine Hochebene führt. Ich werde nie vergessen, wie mein Mann Nick mir eine neue Trinkweste und ein paar Treckingstöcke für unseren Ausflug in den Yosemite-Park bestellte. Ich musste über mich selbst lachen, weil ich so aufgeregt war. Woher er wohl wusste, dass neue Ausrüstung der Schlüssel zu meinem Herzen war?

Ich habe schon häufiger darüber nachgedacht und die geistlichen Parallelen sind mir nicht entgangen: Gott sorgt immer dafür, dass wir die richtige Ausrüstung für das Leben haben, zu dem er uns berufen hat.

Gott hat uns dazu berufen, aus dem Glauben heraus zu leben, aus dem Glauben heraus zu handeln und am Glauben festzuhalten – und er hat jedem von uns ein bestimmtes Maß an Glauben geschenkt. Das bedeutet, er hat uns all den Glauben geschenkt, den wir brauchen, um das zu tun, wozu er uns berufen hat – und er hat jede und jeden von uns dazu berufen, etwas zu tun. Er hat Absichten für jedes einzelne Leben. Er hat gute Taten vorbereitet, die wir ausführen dürfen.

Weißt du, wozu Gott dich berufen hat? Kommt dir dieser Auftrag wie ein Berg vor, der sich nicht besteigen lässt? Wenn man sich an ihrem Fuß oder auf halbem Weg nach oben befindet, sehen alle Berge so aus! Aber ich weiß aus Erfahrung: Wenn du in deinen Rucksack greifst und das herausholst, was Gott dir mitgegeben hat, wenn du das Risiko eingehst, den Glauben zu „aktivieren", den er dir geschenkt hat, wirst du alles schaffen, wozu er dich berufen hat.

Vater, ich danke dir für das Maß an Glauben, das du mir geschenkt hast. Ich werde es riskieren, dir zu vertrauen und im Glauben loszugehen, um all das zu tun, wozu du mich berufen hast. Amen.

5

Glaube ruft Dinge ins Dasein

So heißt es in der Schrift: „Ich habe dich [Abraham] *zum Vater vieler Völker gemacht." Dies geschah, weil Abraham an den Gott glaubte, der die Toten zum Leben erweckt und ins Dasein ruft, was vorher nicht war.*
Römer 4,17

Als meine Mutter vor einigen Jahren starb, hatte dieses Ereignis für mich einen regelrechten Dominoeffekt. Ihr Tod löste nicht nur den Schmerz aus, den man normalerweise in einer solchen Situation erwarten würde; er löste auch die Trauer über eine Frau aus, die ich nie kennengelernt hatte – meine leibliche Mutter. Ich erinnere mich noch daran, wie ich dachte: *Wirklich, Gott? Müssen wir uns jetzt damit beschäftigen? Ich bin Mitte fünfzig. Ist das wirklich nötig?*

Natürlich war es das – weil Gott immer tiefere Ebenen der Heilung für unser Leben anstrebt. Während ich noch mit all diesen Gefühlen zu kämpfen hatte, starb etwa acht Wochen später eine Schwägerin von meiner Seite der Familie. Und im Laufe des nächsten Jahres verloren wir eine weitere Schwägerin von Nicks Seite und eine seiner Schwestern.

Ich machte jedoch nicht nur Verlusterfahrungen, sondern erlebte auch noch, wie ich von einer Freundin verletzt wurde. Und ein Projekt, in das ich mich mit Leib und Seele eingebracht hatte, entwickelte sich nicht so, wie ich erwartete. Es war eine Zeit, in der ich mich zutiefst auf meinen Glauben an Jesus stützen musste.

Wenn wir schwere Zeiten durchmachen, neigen wir manchmal dazu, unseren Schmerz zu unterdrücken, zu leugnen oder zu ignorieren und einfach weiterzumachen, und nennen das vielleicht „Glaube". Aber das ist kein Glaube.

Glaube bedeutet nicht, so zu tun, als ob die Dinge, die da sind, nicht da sind.

Glaube bedeutet, Dinge, die nicht da sind, ins Dasein zu rufen.

Genau das tat auch Abraham, als Gott ihm versprach, dass er ihn zum Vater vieler Völker machen würde. Obwohl er keine Nachkommen hatte und Sara und er zu alt waren, um noch Kinder zu bekommen, änderte das nichts an seinem Glauben. Er verschloss die Augen nicht vor der Realität. Er war einfach völlig davon überzeugt, dass Gott das, was er versprochen hatte, auch tun konnte. Und er tat es. Er schenkte den beiden in ihrem hohen Alter noch einen Sohn.

Wenn ich in dieser Zeit, in der ich so litt, behauptet hätte, dass das gar nicht stimmte, wäre das kein Glaube gewesen. Das wäre Verdrängung gewesen und hätte mir nichts Gutes gebracht. Mein Schmerz wäre wie eine eiternde Wunde gewesen, die nach und nach mein gesamtes Wesen vergiftet hätte. Meine Worte. Mein Handeln. Vielleicht in Form von Destruktivität, Verbitterung, Hoffnungslosigkeit oder Verzweiflung.

Aber als ich Jesus eingeladen habe, mich zu heilen, als ich ihn um Hilfe gebeten und ungeachtet der Fakten an ihm und dem Wissen, dass er gut ist, festgehalten habe – das war Glaube. Das bedeutete es, Dinge, die nicht da waren, ins Dasein zu rufen.

Ich weiß nicht, welche Verluste du erlitten hast oder mit welchen Herausforderungen du heute konfrontiert bist: Aber wenn du weiterkommen willst, dann „aktiviere" deinen Glauben. Halte dich an dem fest, was Gott dir durch die Bibel und das Gebet über dich und dein Leben sagt. Rufe Dinge ins Dasein, die nicht da sind. *Noch* nicht!

Vater, ich will Dinge in mein Leben hineinrufen, die jetzt noch nicht existieren. Ich setze meinen Glauben ein und vertraue auf dich und auf das, was du für mich tun wirst. Amen.

6

Glaube, der trägt

Wenn der Gott, den wir verehren, es will, kann er uns ganz bestimmt retten. Sowohl aus dem brennenden Feuerofen als auch aus deiner Hand, o König, wird er uns dann retten. Aber selbst wenn er es anders beschlossen hat, sollst du, o König, es mit Sicherheit wissen: Wir werden deine Götter niemals verehren und die goldene Statue, die du hast aufstellen lassen, niemals anbeten.
Daniel 3,17–18

Ist dir klar, was die heutige Bibelstelle aussagt? Der König hatte drei Freunde von Daniel in den Feuerofen werfen lassen, und dennoch sagten sie: Selbst wenn Gott sie nicht retten würde, würden sie die falschen Götter nicht anbeten. Ihr Glaube war unerschütterlich. Es war ein *Selbst-wenn*-Glaube.

Selbst-wenn-Glaube ist die Art von Glauben, die Gott sich von uns wünscht, denn dieser Glaube wird uns durch die Erfahrungen hindurchtragen, wenn wir in einer Krise stecken, wenn wir nicht verstehen, was passiert, wenn unsere Umstände schmerzlich, verwirrend, demoralisierend, entmutigend oder enttäuschend sind.

Selbst-wenn-Glaube ist ein *Jetzt*-Glaube! Es ist ein Glaube für den gegenwärtigen Moment und für jedes Feuer, das wir jetzt durchqueren müssen. Denn seien wir ehrlich: Wir sind eigentlich immer entweder gerade auf dem besten Weg, in ein Feuer hineinzugeraten, oder wir stecken mittendrin oder wir haben es gerade hinter uns. Womit bist du heute konfrontiert? Vielleicht machst du gerade eine Scheidung durch. Vielleicht ist dir klar geworden, dass du deine Abschlussprüfung nicht schaffen wirst. Vielleicht hast du eine schlimme Diagnose bekommen. Vielleicht ist eine Freundschaft zerbrochen. Vielleicht hast du deinen Arbeitsplatz verloren. Deine Ersparnisse. Dein Geschäft. Vielleicht hast du jemanden verloren, den du von ganzem Herzen geliebt hast. Und du empfindest einen so tiefen Schmerz, wie du ihn nie zuvor erlebt hast und nie wieder erleben möchten. Die einzige Art von Glauben, die dich jetzt durch diese Erfahrung hindurchtragen kann, ist ein *Selbst-wenn*-Glaube.

Wenn wir nur tatenlos herumsitzen und darauf warten, dass Jesus kommt und uns rettet, wird uns das nicht die Kraft geben, durchs Feuer zu gehen. Doch *Selbst-wenn*-Glaube wird das tun, denn das ist der Glaube, der hindurchträgt.

Selbst-wenn-Glaube sagt:

„*Selbst wenn* ich die Uni dieses Jahr nicht abschließen kann – ich werde Gott dennoch vertrauen!"

„*Selbst wenn* der Arzt anruft und mir sagt, dass ich ein gravierendes gesundheitliches Problem habe – ich werde Gott dennoch vertrauen!"

„*Selbst wenn* ich meinen Arbeitsplatz verliere – ich werde Gott dennoch vertrauen!"

„*Selbst wenn* … – ich werde Gott dennoch vertrauen!"

Das ist die Art von Vertrauen, das ich zu Gott haben möchte. Das ist die Art von Glauben, die ich mir wünsche. Du nicht auch? Diese Art von Glauben wird uns helfen, unserem Weg weiter zu folgen. Selbst wenn wir im Feuerofen unsers Lebens manchmal die Hitze der Flammen spüren werden. Wir werden angesengt werden. Wir müssen den Schmerz trotzdem aushalten. Aber wir werden Jesus haben, der uns durch alles hindurchbringt, womit wir konfrontiert sind.

Vater, ich will einen solchen Selbst-wenn-Glauben für das haben, was mir bevorsteht. Was auch immer geschieht – ich will dir vertrauen. Amen.

7

Das Zwischenland des Glaubens

Was ist nun also der Glaube? Er ist das Vertrauen darauf, dass das, was wir hoffen, sich erfüllen wird, und die Überzeugung, dass das, was man nicht sieht, existiert.
Hebräer 11,1

Wenn ich eine anspruchsvolle Tour plane, schaue ich mir im Vorfeld Videos von erfahrenen Bergwanderern an, die diese bereits absolviert haben. Gespannt höre ich zu, wenn sie auf die schwierigen Streckenabschnitte hinweisen und Tipps geben, wie man sie bewältigt. Ich mache mir Notizen, wenn sie gefährliche Abhänge oder endlose Serpentinen erwähnen. Und ich freue mich immer wieder, die Begeisterung in ihrer Stimme zu hören, wenn sie auf die wunderbaren Ausblicke hinweisen, die wir auf keinen Fall verpassen dürfen.

So bereite ich mich gedanklich vor und motiviere mich für die bevorstehende Tour, von der ich weiß, dass sie zwar nicht einfach, aber die Mühe wert sein wird. So schöpfe ich Zuversicht, dass ich es schaffen kann, auch wenn ich weiß, dass ich unterwegs an meine Grenzen stoßen werde. Und wenn ich dann tatsächlich unterwegs bin und einen Fuß vor den anderen setze, erinnere ich mich an das, was ich in dem Video gesehen und gehört habe – und das sorgt dafür, dass ich nicht aufgebe.

Wenn es um den Glauben geht – darum, im Glauben zu leben –, gehe ich ganz ähnlich vor. Ich stärke meinen Glauben auf jede nur erdenkliche Weise: Ich bete. Ich pflege Gemeinschaft mit anderen Jesus-Nachfolgern. Ich schlage die Bibel auf, lese in ihr, denke intensiv über Bibeltexte nach und lerne sie auswendig … und wenn ich mit Schwierigkeiten und Herausforderungen konfrontiert bin, erinnert mich der Heilige Geist an das, was ich gelesen habe. Ich höre mir Predigten an und lese Bücher. Wenn ich all diese Dinge regelmäßig tu, sorgt das dafür, dass ich nicht aufgebe.

Wir sollten unseren Glauben täglich stärken, damit wir in der Zeit zwischen dem, wo wir jetzt stehen, und dem, wo wir hinwollen, nicht aufgeben. In dem Zwischenland zwischen dem, was ist, und dem, was sein wird. Zwischen dem, was wir sehen, und dem, was noch unsichtbar ist. Nur dann können wir durchhalten.

Steckst du gerade im „Zwischenland" fest? Vielleicht wartest du ja auf eine Beförderung oder auf die Zusage zu einer neuen Stelle. Vielleicht wartest du darauf, dass eine Beziehung wieder in Ordnung kommt oder ein Kind nach Hause findet. Vielleicht wartest du darauf, dass sich dein Körper erholt oder deine Seele heilt. Worauf auch immer du wartest: Lebe weiterhin aus dem Glauben heraus. Geh weiterhin im Glauben weiter. Triff weiterhin im Glauben Entscheidungen. Denn der Glaube ist das Vertrauen darauf, dass das, was wir hoffen, sich erfüllen wird, und die Überzeugung, dass das, was man nicht sieht, existiert. Und dass wir es bald sehen werden.

Ich danke dir für das Geschenk des Glaubens, Vater.
Danke, dass du mir hilfst, meinen Glauben zu vertiefen,
damit ich vertrauensvoll handeln und leben kann. Amen.

8

Einfach weitergehen!

Da rief Petrus ihm zu: „Herr, wenn du es wirklich bist, befiehl mir, auf dem Wasser zu dir zu kommen." „Dann komm", sagte Jesus. Und Petrus stieg aus dem Boot und ging über das Wasser, Jesus entgegen.
Matthäus 14,28–29

Wann hat Jesus dich zum letzten Mal eingeladen, aus dem Boot zu steigen und über das Wasser zu gehen? Du weißt vielleicht, was ich meine: Wann hat er dich aufgefordert, einen Glaubensschritt zu wagen, und du wusstest, dass es nicht nur ein Schritt sein würde; es würden zwei, dann drei, dann vier werden … und du warst dir bewusst, dass du noch mehr Glauben brauchen würdest, um dem Weg weiter zu folgen?

Ich weiß, wie beängstigend es sein kann, diesen ersten Schritt zu gehen – und das ist wahrscheinlich auch bei all den folgenden Schritten nicht anders –, aber ich habe von dem Augenblick an, als ich mein Leben Jesus anvertraut habe, solche Schritte getan. Ich habe den Eindruck, dass ich in jedem Bereich meines Lebens auf Jesus angewiesen bin, weil ich mich schon so weit aufs Wasser vorgewagt habe, dass ich nicht mehr zurückkann. Es gibt sonst niemanden, auf den ich mich verlassen kann. Niemand außer Jesus ist mächtig genug und gnädig genug.

Jesus lädt uns zu einer tollen, abenteuerlichen Reise ein: voller Vertrauen Schritte zu gehen und uns so weit hinauszuwagen, dass es außer ihm nichts und niemanden mehr gibt, dem wir vertrauen könnten. Ich bin nun schon so lange mit ihm unterwegs, dass ich gelernt habe: Wenn er mich bittet, etwas zu tun, werde ich von Neuem Glauben brauchen, und zwar wahrscheinlich deshalb, weil es sich um einen unmöglichen Auftrag handelt. Ich erinnere unsere Mitarbeitenden auf der ganzen Welt oft daran, dass ich sie nicht darum bitte, schwierige Dinge zu tun. Ich bitte sie darum, *unmögliche* Dinge zu tun, und das mit dem Glauben, den Gott ihnen geschenkt hat. Aus jedem Boot zu steigen, in dem sie sich befinden, und auf dem Wasser zu gehen. Denn wenn sie das tun, wird Jesus da sein. Er vollbringt für uns das Wunder, das wir selbst nicht tun können. Ja, wir werden uns davor fürchten, den ersten Schritt zu gehen – und vor dem nächsten werden wir vielleicht auch Angst haben. Vielleicht haben wir das Gefühl, dass der Boden unter uns schwankt. Vielleicht malen wir uns auch aus, was alles passieren könnte. Vielleicht geraten wir ab und zu in Panik, aber selbst wenn wir einen Schritt zurückgehen, hindert uns das nicht daran, danach zwei Schritte vorwärts zu machen. Und dann noch ein paar. Wir sind schließlich Menschen, die auf Gott vertrauen und im Glauben leben und handeln, oder etwa nicht?

Was immer Jesus dir aufs Herz gelegt hat, was auch immer du gerade für sein Reich und zu seiner Ehre tust: Geh im Glauben weiter. Steig immer wieder aus dem Boot und geh auf dem Wasser. Hab den Mut weiterzugehen. Wag dich so weit aufs Wasser hinaus, dass du das Boot, den Strand und die Rettungsschwimmer nicht mehr sehen kannst, auf die du dich bisher verlassen hast. Wenn du das tust, kannst du sicher sein: Jesus ist da!

Jesus, ich will mich heute bewusst dafür entscheiden, ein weiteres Mal aus dem Boot zu steigen. Dir ein weiteres Mal auf dem Wasser entgegenzugehen. Ich will dir tiefer vertrauen und Dinge wagen, die ich nie zuvor gewagt habe. Amen.

9

Die Hand Gottes

„Mein König, wenn es dir gut erscheint und wenn du deinem Diener Vertrauen schenkst, dann lass mich doch nach Judäa gehen in die Stadt, in der meine Vorfahren begraben sind, damit ich sie wieder aufbauen kann … Mein König, wenn es dir recht ist, dann möge man mir amtliche Schreiben mitgeben an die Statthalter der Westprovinz … Außerdem brauche ich ein amtliches Schreiben an Asaf, den königlichen Oberforstverwalter. Er soll mir Bauholz geben für die Tore der Verteidigungsanlage beim Tempel, für die Stadtmauer und für das Haus, in dem ich wohnen werde." Der König gewährte es mir, denn die gütige Hand meines Gottes stand mir bei.
Nehemia 2,5.7–8 (Gute Nachricht)

Gott hat dir einen Auftrag gegeben. Er hat wirklich für jede und jeden von uns eine Aufgabe. Und wenn wir diesen Auftrag, den wir von ihm bekommen haben, erfolgreich erfüllen wollen, brauchen wir seine Unterstützung. Zweifellos ist das, womit Gott uns beauftragt hat, oft völlig unmöglich. Das war auch bei Nehemia der Fall. Er wollte die Stadtmauer von Jerusalem wiederaufbauen, aber das konnte er natürlich nicht allein tun. Er brauchte Holz, Menschen, die ihm halfen, und vor allem auch Zeit. Als er um diese Dinge bat, gewährte der König sie ihm – weil Gott auf Nehemias Seite war und ihm genau diesen Auftrag anvertraut hatte.

Ich habe Gott bei fast allem, was ich jemals getan habe, um seinen Beistand gebeten, denn ich weiß, dass ich ohne ihn nichts zustande bringen und auch nicht erfolgreich sein kann. Bei allen

Aufgaben habe ich zu glauben gewagt, dass Gott Türen für mich öffnet, die zuvor fest verschlossen waren – und Türen verschließt, durch die ich nicht hindurchzugehen brauche. Ich habe ihn darum gebeten, dass die Menschen, denen ich begegne und mit denen ich zusammenarbeite, mir wohlgesonnen sind, damit wir gemeinsam mehr für das Reich Gottes erreichen. Ich will damit nicht sagen, dass Gott es immer so gemacht hat, wie ich es mir vorgestellt habe, oder meine Bitten genau auf die Weise erfüllt hat, wie ich es wollte. Aber ich habe gemerkt: Je mehr ich ihn um seine Gunst bitte, desto besser ist das Ergebnis – und er hilft mir auch immer dabei, zu akzeptieren, wie diese Ergebnisse zustande kommen.

Hast du Gott schon mal um seine Gunst gebeten? Kannst du dich noch daran erinnern, wie es war, als du dich abgemüht hast, und was passiert ist, als Gott dann eingegriffen hat? Selbst wenn er eine Tür verschlossen hat? Genau da hast du seine Gunst erlebt – oder um es mit anderen Worten zu sagen: Da hast du erlebt, dass Gott auf deiner Seite ist. Ich kann dir gar nicht sagen, wie sehr ich mein Leben und meinen Dienst auf diesem letzten Satz aufgebaut habe: „… denn die gütige Hand Gottes stand mir bei."

Kannst du spüren, dass Gott auf deiner Seite ist? Wenn du nicht sicher bist, wie sich das anfühlt, dann halte doch heute mal bewusst danach Ausschau. Achte darauf, wie er Dinge zu deinen Gunsten fügt. Achte darauf, wie Gott deine Schritte lenkt, damit du deine Aufgaben in Beruf und Berufung erfolgreich bewältigen kannst. Das ist mit der „gütigen Hand Gottes" gemeint, die dir beisteht.

Vater, ich danke dir dafür, dass du auf meiner Seite bist. Hilf mir, das immer wieder wahrzunehmen, damit ich dir die Ehre für all das geben kann, was du in und durch mein Leben tust. Amen.

10

Du kannst Erfolg haben

Die Worte des Gesetzes sollen immer in deinem Mund sein. Denke Tag und Nacht über das Gesetz nach, damit du allem, was darin geschrieben steht, Folge leisten kannst, denn nur dann wirst du erfolgreich sein.
Josua 1,8

Gott möchte, dass wir bei dem, was wir für ihn tun, Erfolg haben. In anderen Bibelübersetzungen wird sogar ausdrücklich betont, dass uns *alles*, was wir in Angriff nehmen, gelingen soll.[7] Allerdings definiert Gott „Erfolg" anders als unsere Gesellschaft, wo „Erfolg" zu haben bedeutet, das Beste oder das Größte zu besitzen oder der Erste oder die Schnellste zu sein. Im Sinne dieses Bibelverses erfolgreich zu sein bedeutet: So zu werden, wie Gott es sich für uns gedacht hat, und die Aufgaben zu erfüllen, die er uns für dieses irdische Leben anvertraut hat.

Ich bete beispielsweise dafür, dass meine Töchter Erfolg in der Schule haben. Ich bete dafür, dass mein Mann Erfolg hat, wenn es darum geht, unsere Teams zu leiten und all das zu tun, wozu Gott ihn berufen hat. Ich bete dafür, dass unsere Mitarbeiter Erfolg haben. Ich glaube nicht, dass Gott möchte, dass irgendeiner von ihnen ein mittelmäßiges Leben führt. Ich glaube, Gott will, dass sie persönliche Siege verzeichnen können, Schwierigkeiten überwinden, leidenschaftlich und zielbewusst leben und rundum erfolgreich sind! Ich glaube, dass Gott sich das für jeden Einzelnen von uns wünscht.

Bezüglich des Dienstes, zu dem Gott mich berufen hat, bitte

ich ihn darum, mir viele Möglichkeiten zu eröffnen. Ich habe mir hier das Ziel gesetzt, so viele Menschen wie möglich mit der Guten Nachricht von Jesus Christus zu erreichen.

Ich bitte um Erfolg bei Dingen, die wahrscheinlich niemandem außer mir wichtig sind, weil ich weiß: Gott kümmert sich um das, was wir wichtig finden, auch wenn es in den Augen anderer keine Bedeutung hat. Bevor ich mich auf den Weg mache, um einen neuen Berg in Angriff zu nehmen, bitte ich Gott darum, dass ich den Weg zum Gipfel und wieder hinunter erfolgreich bewältige … und lebendig zurückkomme. Ohne Verletzungen. Ohne vor Schwäche umzukippen. Ohne dass ich von einer Schlange gebissen oder von einem Berglöwen verfolgt oder von einem Bären in Schrecken versetzt werde.

Wenn du noch nie dafür gebetet hast, dass Gott dir Erfolg schenkt – oder zumindest schon lange nicht mehr –, dann bete heute dafür. Ich denke, wenn wir in Glaubensdingen dranbleiben wollen, ist es von entscheidender Bedeutung, dass wir immer mehr von Gott erwarten und immer mutigere Glaubensschritte gehen, damit wir etwas für Gottes Reich bewirken können. Gleichgültig, wie viel wir schon für Gott getan haben – ich glaube, auch wenn wir schon in einem Alter sind, in dem die Leute uns raten würden, langsamer zu machen, kann Gott noch durch uns etwas bewegen. Solange wir leben, gibt es für uns eine Aufgabe. Wir können nicht alle *alles* tun, aber wir können alle *etwas* tun. Und bei diesem „Etwas" können wir Erfolg haben!

Vater, ich bitte dich um Erfolg in allem, wozu du mich berufen hast. Mach mich darauf aufmerksam, welche Absichten und Aufgaben du für mein Leben und für jeden einzelnen Tag meines Lebens hast. Amen.

11

Geh noch mal

Dann sagte er zu seinem Diener: „Geh und schau zum Meer hinaus." Der Mann ging und schaute, dann sagte er: „Ich sehe nichts." Elia sagte zu ihm: „Geh noch mal hin", und sieben Mal ging er. Beim siebten Mal endlich meldete ihm der Diener: „Ich sah eine kleine Wolke, etwa so groß wie die Hand eines Mannes, über dem Meer auftauchen."
1. Könige 18,43–44

Sieben Mal! So oft schickte Elia seinen Diener los, damit dieser nachsah, ob sich ein Regenschauer abzeichnete. In Samaria herrschte damals eine schwere Dürre und damit einhergehend eine Hungersnot, aber Gott hatte Regen versprochen. Doch jedes Mal, wenn Elia seinen Diener losschickte, damit dieser vom Gipfel des Berges Karmel aus übers Meer blickte, war nichts zu sehen.

Hast du das auch schon mal erlebt? Als Gott dir ein Versprechen gegeben hat? Als er dir eine Bibelstelle aufs Herz gelegt hat? Als du wieder und wieder dafür gebetet hast, dass sich eine Sache erfüllt? Als du Ewigkeiten darauf gewartet hast, dass etwas geschieht? Als du angestrengt zum Horizont geblickt hast, auf der Suche nach einem Hoffnungsschimmer, aber jedes Mal, wenn du losgezogen bist und von deinem „Berg" nachgeschaut hast, konntest du nichts sehen?

Vielleicht wartest du darauf, dass dein Sohn oder deine Tochter zu Gott zurückfindet? Vielleicht bemühst du dich, die Kosten für ein Haus oder für das Studium deiner Kinder aufzubringen. Vielleicht wartest du auf den richtigen Zeitpunkt, um endlich das Projekt in Angriff zu nehmen, von dem du schon seit Jahren träumst.

Ich weiß, wie es ist zu warten, und ich habe festgestellt, dass nichts unseren Glauben so sehr herausfordert, wie zu warten und nichts passiert. Vor allem, wenn es um ein Versprechen geht, das seit Wochen und Monaten, ja vielleicht seit Jahren unerfüllt bleibt. So viel von dem, was ich erleben durfte, hat als Same begonnen, den Gott vor Jahrzehnten in mein Herz gelegt hat, als ich mich in meinem Heimatland Australien für junge Menschen engagiert habe. Sehr oft gab es keinerlei Anzeichen dafür, dass irgendetwas von dem jemals Wirklichkeit werden würde. Dennoch wusste ich, dass diese Ideen von Gott kamen – darum erinnerte ich ihn im Gebet an seine Versprechen und hielt im Glauben daran fest, dass er mir „Regen“ schenken würde. Suchend blickte ich immer wieder zum Horizont – gab es endlich Anzeichen für Regen? Ich tat genau das, was Elia auch seinem Diener befohlen hatte.

Beim siebten Mal entdeckte der Diener schließlich etwas. Er sah, dass eine Wolke, die so klein war wie die Hand eines Mannes, über dem Meer auftauchte. Ein Hoffnungsschimmer. Eine winzige Wolke. Es war nicht der Regen, der versprochen worden war, noch nicht, aber immerhin ein Anzeichen dafür, dass ein Wolkenbruch bevorstand – und der kam schon bald.

Was immer Gott dir aufs Herz gelegt hat, was immer das Versprechen ist, für dessen Erfüllung du betest: Geh noch mal los, blicke zum Horizont, und halte Ausschau nach Regen. Und noch einmal. Und noch einmal. Bleib dran, und zieh immer wieder los, so lange, bis du endlich einen Hoffnungsschimmer siehst. Bis der Regen zu fallen beginnt.

Danke, Vater, für das Versprechen, das du mir gegeben hast. Ich werde immer wieder im Glauben losgehen und den Horizont nach einem Hoffnungsschimmer absuchen, so lange, bis ich ihn endlich entdecke. Ich wünsche mir, dass mein Glaube einen langen Atem hat! Amen.

12

Glaube füllt den Freiraum aus

Was ihr auch tut, tut es, ohne zu klagen und zu zweifeln, damit niemand euch irgendetwas vorwerfen kann. Als Kinder Gottes sollt ihr ein reines, vorbildliches Leben führen in einer dunklen Welt voller verdorbener und verirrter Menschen, unter denen euer Leben wie ein helles Licht leuchtet. Haltet am Wort des Lebens fest …
Philipper 2,14–16

Meine Töchter sind beide im Teenageralter, und obwohl ich die Art von Mutter bin, die gern einen festen Platz für alles hat und bei der alles an seinem Platz sein soll, scheint keine von ihnen diesen Hang zu Ordnung und Organisation geerbt zu haben. Ich sehe hier und da Spuren davon, die mich hoffen lassen, dass die Dinge sich ändern – aber die meiste Zeit über sehe ich nur Kleidungsstücke, die auf dem Fußboden ihres Zimmers verstreut liegen.

Obwohl ich beiden einen Wäschekorb ins Zimmer gestellt habe, um ihnen das Wunder der Ordnung schmackhaft zu machen, bevorzugen sie es aus irgendeinem Grund, ihre schmutzige Kleidung außerhalb des Korbes aufzubewahren.

Lang habe ich mich geärgert und über all das beschwert, was in meinen Augen falsch war – was vor allem die auf dem Fußboden liegende Kleidung betraf. Aber dabei ist mir zu viel Gutes entgangen. Ich habe nicht gesehen, wie sehr sie ihre Freunde und ihre Familie lieben, was in den Bildern zum Ausdruck kommt, die an den Wänden hängen. Ich habe die Sorgfalt und Mühe nicht gesehen, die in den Hausaufgaben steckt, die auf ihren Schreibtischen liegen. Ich habe ihre Kreativität nicht gesehen, die sich in den Outfits zeigt, die sie auf ihrem Bett drapiert haben.

Als Nick mich eines Tages wieder einmal meckern hörte, machte er mir einen freundlichen Vorschlag (ich gebe zu, seine Worte klingen ziemlich oft wie die Stimme des Heiligen Geistes): „Chris, wie wäre es, wenn du damit anfangen würdest, Gott dafür zu danken, dass du Kinder hast und dass sie Kleidung haben, die du aufheben kannst, statt dich immer so aufzuregen?"

Es war so einfach. Und er hatte so recht. Natürlich mussten sie lernen, mehr Disziplin zu entwickeln und ihre Zimmer aufzuräumen, aber ich machte zu diesem Zeitpunkt einfach zu viel Aufhebens darum. Und das hatte negative Auswirkungen auf uns alle.

Ich hörte auf damit, zu schimpfen und mich zu beklagen, und begann, das Gegenteil zu tun. Ich sprach Worte des Lebens und des Glaubens aus. Und ich hielt auch dann an diesem Glauben fest, wenn ich die leeren Wäschekörbe und die auf dem Boden verstreute Kleidung sah, und die Atmosphäre in unserem Haus verwandelte sich ebenso wie der Zustand meines Herzens. Ich spürte, wie sich meine Einstellung deutlich veränderte. Ich bemerkte, dass die Zeit, die ich mit Schimpfen zugebrachte hatte, bald mit ehrfürchtigem Staunen über die tollen jungen Frauen gefüllt wurde, zu denen meine Mädchen herangewachsen waren. Der Raum, den meine negativen Gedanken eingenommen hatten, wurde von Glauben gefüllt. Und ich war nicht länger blind für all die anderen positiven Dinge, die ich in ihren Zimmern sah.

Möchtest du, dass sich die Atmosphäre dort, wo du lebst oder arbeitest oder ehrenamtlich tätig bist, ändert? Dann probiere doch mal das aus, was ich getan habe. Fang an, Worte des Lebens und des Glaubens auszusprechen – und schau zu, wie Glaube den Freiraum füllt.

Vater, ich entscheide mich heute dafür, Worte des Lebens und des Glaubens zu sprechen. Ich will den Blick auf all das Gute richten, das mich umgibt, und freue mich darauf, dass der Freiraum von Glauben gefüllt wird. Amen.

13

Ein Samenkorn des Glaubens

„Weil euer Glaube so gering ist", sagte Jesus. „Ich versichere euch: Wenn euer Glaube auch nur so groß wäre wie ein Senfkorn, könntet ihr zu diesem Berg sagen: ‚Rücke dich von hier nach da', und er würde sich bewegen. Nichts wäre euch unmöglich."
Matthäus 17,20–21

Glaube ist die Währung des Himmels. Glaube ist das, was Gott bewegt. Und wenn Gott bewegt ist, setzt er in Bewegung – Berge. Er hält Ausschau nach Menschen, die bereit sind, Glauben aufzubringen. Und er verspricht, dass schon ein Glaube genug ist, der so winzig ist wie ein Senfkorn. Selbst wenn das, womit wir konfrontiert sind, unmöglich zu lösen scheint.

Ich finde, das ist eine gute Nachricht, denn so vieles in meinem Leben hat mit etwas Kleinem begonnen. Als ich damals anfing, in der Bibel zu lesen – das war lange, bevor ich irgendeinen der Abschnitte zitieren konnte, die ich heute kenne –, begann ich mit einem Vers. Ich lernte einen Vers auswendig, einen einzigen.

Als ich anfing, Vorträge zu halten, bestand meine erste Zuhörerschar aus sechs jungen Mädchen in einer Jüngerschaftsgruppe. Sie waren Teil der größeren Jugendgruppe unserer Gemeinde, aber sie waren die ersten, mit denen ich mein Leben und meine Erfahrungen teilen durfte. Und ich habe mit derselben Leidenschaft zu ihnen gesprochen, mit der ich es heute vor riesigen Menschenmengen tue.

Als ich mein erstes Buch schrieb, begann ich damit, dass ich ein Wort nach dem anderen niederschrieb. Aus ein paar Wörtern wurde ein Satz, aus ein paar Sätzen wurde ein Absatz, und aus diesen Absätzen wurden Seiten, aus denen Kapitel entstanden. Bis zum heutigen Tag ist der Prozess der gleiche geblieben – wenn ich ein neues Buch anfange, schreibe ich drauflos und überarbeite und korrigiere meine Texte immer wieder. Ich würde dir gern erzählen, dass ich inzwischen einfach die Augen zumache und bete und dann fallen mir die Gedanken einfach zu – aber das ist leider noch nie passiert.

Mit meinen Vorträgen ist es genauso: Sie fangen klein an. Sie beginnen mit Gebet und Bibellesen. Sie beginnen damit, dass ich Zeit mit Gott verbringe, und mir dann, wenn der Heilige Geist mir Gedanken schenkt, Notizen mache.

Auch der Start von A21, der Organisation gegen Menschenhandel, die Nick und ich vor einigen Jahren gegründet haben, begann damit, dass wir eine einzige Person befreiten. Wir halfen nicht Hunderten wie heute. Wir bewahrten nicht Tausende davor. Informierten nicht Millionen. Am Anfang haben wir nur einem einzigen Menschen geholfen.

In jedem Bereich unseres Lebens beginnen große Dinge immer im kleinen Maßstab, und wenn wir vertrauensvoll aus dem Boot steigen, werden sie immer größer. Welche Aufgabe hat Gott dir aufs Herz gelegt? Hat er dir eine Geschäftsidee geschenkt? Ein bestimmtes Ausbildungsziel? Vielleicht hat er dir die Idee für ein Buch geschenkt, für eine Erfindung oder ein bestimmtes Produkt. Beginne mit dem Glaubenskörnchen, das Gott in dich eingepflanzt hat. Ich weiß, dass es die perfekte Größe hat – denn genau das hat er versprochen.

Vater, ich danke dir für den Glauben, den du mir geschenkt hast, und dafür, dass er mehr als genug ist, um all das zu tun, wozu du mich berufen hast. Zeig mir, wie ich dort, wo ich bin, mit dem anfange, das ich habe. Ich bin bereit! Amen.

14

Ausdauer stärkt unseren Glauben

Ihr braucht Ausdauer, damit ihr, wenn ihr den Willen Gottes für euer Leben ganz in die Tat umgesetzt habt, dann auch das erhalten könnt, was Gott euch versprochen hat.
Hebräer 10,36 (Das Buch)

Ich liebe es, meine Laufschuhe anzuziehen und eine Runde zu joggen, wenn ich mich mal wieder in einer unbekannten Stadt befinde – selbst wenn das oft zu unerwarteten Abenteuern führt. Man sollte ja denken, dass ich irgendwann daraus lerne, aber es ist mir mehr als einmal passiert, dass ich mich verirrt habe. So musste ich, um zu meinem Ausgangspunkt zurückzukehren, oft viel weiter laufen, als ich jemals für möglich gehalten hätte. Wenn ich dann so erschöpft war, dass ich dachte, ich könnte keinen Schritt mehr laufen, habe ich mir immer vorgestellt, ich wäre ein Marathonläufer, der seinen toten Punkt erreicht und danach noch viele Kilometer weiterlaufen muss. Klar mache ich mir hier etwas vor, schließlich bin ich keine Profi-Athletin. Aber ich weiß trotzdem, wie es sich anfühlt, wenn man denkt: *Ich brech gleich zusammen. Ich kann nicht einen Schritt mehr weiterlaufen.* Trotzdem habe ich jedes Mal die Kraft dazu gefunden.

Und ich habe herausgefunden, dass dasselbe auch auf meinen geistlichen Lauf zutrifft. Ich bin schon so oft an einen toten Punkt gekommen und habe gedacht: *Das war's. Ich bin am Ende. Ich kann keinen Schritt mehr weitergehen.* Und doch habe ich es irgendwie geschafft – auch wenn das nie aus eigener Kraft geschah. Wenn ich mich durch das hindurchgekämpft habe, womit ich konfrontiert war, hat das in meinem Leben etwas bewirkt, was man auf keine andere Weise entwickeln kann: Ausdauer – etwas, das wir laut Bibel brauchen, etwas, das uns die Kraft gibt weiterzumachen, auch wenn wir denken, dass wir nicht mehr weitermachen *können*.

Das Gleiche passiert im Leben von uns allen: Wenn wir wieder und wieder dranbleiben, wachsen wir geistlich und entwickeln Ausdauer bzw. Durchhaltevermögen, eine wichtige Eigenschaft, die unseren Glauben stärkt. Ausdauer ist „die Fähigkeit, eine sportliche Anforderung ohne Ermüdung möglichst lange durchzuführen sowie einem ermüdungsbedingten Abbruch der sportlichen Anforderung möglichst lange zu widerstehen".[8] Mit anderen Worten: Ausdauer ist die Fähigkeit, unter schwierigen Umständen durchzuhalten. Die unverdrossene Hoffnung, die so lange durchträgt, bis das Ziel erreicht ist. Eine Kraft, die dadurch entsteht, dass man dem Druck standhält, auch wenn alles in uns danach schreit, ihm nachzugeben.

Wir würden doch alle am liebsten die Flucht ergreifen, wenn der Druck zu groß wird. Zumindest ist es bei mir so. Aber ich weiß, dass ich keine geistliche Stärke entwickeln werde, wenn ich die Dinge tue, die mir leichtfallen. Im Gegenteil. Ich muss die Hindernisse überwinden, die ich für unüberwindbar halte. So wachse ich geistlich. Und ich bin sicher, dass es bei dir ähnlich ist.

Behalte heute diese Erkenntnis im Hinterkopf. Was immer dich gerade belastet: Halte durch. Vertrau weiter auf den, der dir geben wird, was er versprochen hat.

Himmlischer Vater, ich danke dir dafür, dass ich schon Ausdauer entwickeln durfte und dass sie meinen Glauben stärkt. Ich will weiterhin durchhalten und darauf vertrauen, dass ich erhalten werde, was du versprochen hast. Amen.

15

Gib die Kontrolle ab

Denn so viel der Himmel höher ist als die Erde, so viel höher stehen meine Wege über euren Wegen und meine Gedanken über euren Gedanken.
Jesaja 55,9

Obwohl ich Jesus schon über dreißig Jahre lang nachfolge, gibt es immer noch vieles, was ich nicht verstehe. Aber Gottes Wege sind nicht meine Wege und seine Gedanken sind nicht meine Gedanken. Es ist, wie Jesaja schreibt – beide übersteigen meine bei Weitem. Also gehe ich, wann immer ich über etwas verwirrt bin, grundsätzlich davon aus, dass Gott Gott ist und ich nicht. Wenn ich etwas nicht verstehe, was Gott tut, heißt das nicht, dass mit Gott irgendetwas nicht stimmt. Es bedeutet nur, dass ich es nicht verstehe. Jedenfalls im Moment noch nicht.

Ich habe immer wieder festgestellt, dass wir selten sofort das ganze Bild erkennen. Es ist, als würden wir ein Teil eines Puzzles in der Hand halten und Gott die anderen 999 Teile, von denen wir nicht wissen, dass sie überhaupt existieren. Wir können nicht alles sehen, was er tut. Aber dass wir all diese Dinge nicht sehen, heißt nicht, dass wir ihm nicht glauben und darauf vertrauen sollten, dass er „bei der Arbeit" ist.

Trotzdem bin ich mir natürlich bewusst, dass das nicht immer leicht ist. Ich war schon immer ein Mensch, der die Dinge lieber selbst in die Hand nimmt, als Gott zu vertrauen. Das zeigt sich in meinem Leben, wenn ich mich zu sehr auf Menschen verlasse, die auf vorhersagbare Weise handeln oder darauf achten, dass alles seine Ordnung hat und immer auf die gleiche Art getan wird. Ich entwickle auch eher unabsichtlich manchmal eine regelrechte Obsession für Pläne und Strukturen. Man könnte vermutlich sagen, ohne Jesus wäre ich ein ziemlicher Kontrollfreak. Aber ehrlich gesagt hat das auch seine Gründe. Nachdem ich mich jahrelang bemüht habe, Gott auch auf unbekanntem Terrain zu vertrauen und mich immer wieder auf den Schmerz der Heilung und Wiederherstellung einzulassen, habe ich irgendwann begriffen, dass einige meiner Kontrollbestrebungen auf Bewältigungsmechanismen zurückzuführen sind, die ich aufgrund von traumatischen Erlebnissen in meiner Vergangenheit entwickelt habe.

Trotzdem lädt Gott mich dazu ein, ihm zu vertrauen, so wie er uns alle dazu einlädt, unabhängig davon, was wir durchgemacht haben. Er möchte, dass wir von einer Glaubensstufe auf die nächste gelangen und auf dem Weg dorthin mehr Ausdauer entwickeln.

Wie reagierst du, wenn du mit einem Sachverhalt konfrontiert bist, bei dem du die Möglichkeit hast, ihn selbst zu regeln, oder Gott hier zu vertrauen? Verspürst du dann das Bedürfnis, die Dinge in die Hand zu nehmen, obwohl du ihm andererseits eigentlich lieber vertrauen würdest? Ich denke, dass wir Christen ab einem bestimmten Punkt den Versuch aufgeben sollten, alles und jeden zu kontrollieren, und lernen sollten, unser Vertrauen auf Gott zu setzen. Ich bin so dankbar dafür, dass er uns nie aufgibt. Dass er nie aufhört, uns dabei zu helfen, aus dem Glauben heraus zu leben und zu handeln, ganz egal, wie oft wir versuchen, die Dinge selbst in die Hand zu nehmen.

Vater, du hast so viel Nachsicht mit mir. Danke, dass du immer so geduldig bist, während ich lerne, dir mehr zu vertrauen und meine Welt und meine Mitmenschen weniger zu kontrollieren. Amen.

16

Verlier nicht den Mut

Erinnert euch an die Zeit, als ihr die Wahrheit Gottes gerade erst erkannt hattet: Damals musstet ihr viel ertragen, aber ihr habt geduldig durchgehalten. Manchmal wurdet ihr in aller Öffentlichkeit verspottet und misshandelt … Als man euch euren Besitz wegnahm, habt ihr das voller Freude hingenommen, denn ihr wusstet ja, dass ihr etwas Besseres besitzt, das ihr nie verlieren werdet. Werft dieses Vertrauen auf den Herrn nicht weg, was immer auch geschieht, sondern denkt an die große Belohnung, die damit verbunden ist!
Hebräer 10,32–35

Es gibt kaum etwas, das ich mehr liebe, als am Strand entlangzujoggen, während die Sonne langsam am Horizont versinkt. Gottes Pinselstriche an der riesigen Leinwand des grenzenlosen Himmels begeistern mich immer wieder. Es ist, als hätte er all das nur getan, um mich vergessen zu lassen, dass ich nach Luft japse, Giftstoffe ausschwitze und mich selbst total verausgabe.

Seit mehr als drei Jahrzehnten schnüre ich nun schon meine Laufschuhe und gehe raus ins Freie. Um zu entgiften. Um meinen Körper zu reinigen. Um Gutes aufzunehmen. Um Neues zu erkunden. Um auf dem Boden zu bleiben, und zwar in jeder Hinsicht. Körperlich. Mental. Emotional. Geistlich. Das Laufen ist etwas, das meine Seele und mein Körper zu brauchen scheinen.

Und weil ich nun schon seit so vielen Jahren laufe, habe ich Ausdauer entwickelt, was mich dazu befähigt, auch dann weiterzumachen, wenn ich das Gefühl habe, am Ende meiner Kräfte zu sein – mental und körperlich. Wenn ich mich auf eine unbekannte Strecke eingelassen habe, bin ich schon oft viel weiter gerannt, als ich geplant hatte, und bin irgendwann gegen die sprichwörtliche Mauer gelaufen. Das bedeutet, ich habe den Punkt erreicht, bei dem Läufer das Gefühl haben, dass sie einfach nicht mehr weiterkönnen. Aber jedes Mal gelingt es mir dann doch, sie zu überwinden, und ich schaffe die Strecke.

Ausdauer vertieft auch unser Vertrauen in Gott – etwas, das wir laut dem Verfasser des Hebräerbriefes nicht verlieren dürfen. Ich habe festgestellt, dass Ausdauer und Glaube Hand in Hand gehen. Wir können das eine nicht ohne das andere haben. Wenn wir das Gefühl haben, dass wir nicht mehr weiterkönnen, und am liebsten aufhören würden, sollten wir uns daran erinnern, warum es so wichtig ist, gerade das *nicht* zu tun.

Es gefällt mir, dass der Verfasser des Hebräerbriefes die heutigen Verse mit der Aufforderung *„Erinnert euch!“* beginnt. Manchmal müssen wir uns einfach daran erinnern, wie weit wir schon gekommen sind – das reicht oft schon, um die nächste Etappe zu überstehen. Deshalb halte ich inne, wenn ich wieder mal vor einer geistlichen Herausforderung stehe, und erinnere mich an das, was Gott in der Vergangenheit in mir, für mich und durch mich getan hat. Die guten Erfahrungen wiegen meist viel schwerer als das, womit ich gerade konfrontiert bin. Das gibt mir die Kraft, weiterzumachen und Gott vertrauensvoll zu folgen.

Wie steht es da gerade mit dir? Bist du an einem Punkt angelangt, an dem du durchhalten solltest, obwohl alles in dir danach schreit, die Flinte ins Korn zu werfen? Gott möchte, dass du dranbleibst, voller Vertrauen und Hoffnung. Entscheide dich heute dafür, dich daran zu erinnern, wo Gott dir in der Vergangenheit schon weitergeholfen hat, und vertrauensvoll dranzubleiben. Wirf also dein Vertrauen nicht weg!

Danke, Vater, dass ich schon so oft erleben durfte, wie du mir geholfen hast, dranzubleiben und Hindernisse zu überwinden. Ich will mich darauf verlassen, dass du alles tun wirst, was du versprochen hast. Amen.

17

Hör auf die richtige Stimme

Der Glaube kommt aus dem Hören der Botschaft;
und diese gründet sich auf das, was Christus gesagt hat.
Römer 10,17

Die meisten von uns sind das Ergebnis all der Botschaften, die wir über uns gehört haben, bzw. dessen, was wir über uns selbst glauben. Wir kommen als unbeschriebenes Blatt in diese Welt, und was wir über uns und unser Leben glauben, geht auf das zurück, was wir zu hören bekommen.

Wenn wir in der Kindheit ermutigt wurden, Bestätigung und Wertschätzung erfahren und gehört haben, dass Gott uns erschaffen hat und etwas Wunderbares mit uns vorhat, fällt es uns viel leichter, daran zu glauben, dass es tatsächlich so ist.

Wenn wir dagegen immer nur gehört haben, dass wir nutzlose, hoffnungslose Versager sind, dass wir zu dumm sind, die falsche Hautfarbe haben oder der falschen sozialen Schicht angehören, neigen wir dazu, diese negativen Dinge auch zu glauben. Das ist doch so, oder?

Der heutige Vers macht deutlich: Ob wir daran glauben, dass wir ein erfolgreiches oder erfolgloses Leben führen, geht auf all die Botschaften zurück, die wir zu hören bekommen – aber die wichtigste Botschaft, die Botschaft, die die Kraft zur Veränderung hat, ist die von Jesus Christus. Was prasselt Tag für Tag auf dich ein? Die Stimmen deiner Mitmenschen und ihre Äußerungen? Die neusten Nachrichten? Der Tratsch im Büro? Wir können zwar nicht ändern, *was* wir in der Vergangenheit gehört haben oder gegenwärtig zu hören bekommen – wir haben jedoch die Möglichkeit, selbst zu entscheiden, *worauf* wir inmitten all dieses Lärms unsere Ohren richten.

Für jemanden wie mich, die von klein auf vorgehalten bekam, wo sie überall versagt hat, ist das eine unglaublich gute Nachricht! Ich brauche den negativen Dingen, die über mich oder zu mir gesagt wurden, keinen Glauben zu schenken – und ich brauche auch nicht alles zu glauben, was ich heute zu hören bekomme.

Als ich mich vor Jahrzehnten Gott zugewandt habe, begann ich auf etwas völlig Neues zu lauschen. Ich begann, auf die Wahrheit zu hören, die ich in Gottes Wort fand – und ich habe bis heute nicht damit aufgehört. Diese Wahrheit heilt mich, befreit mich, ermutigt mich und schenkt mir Glauben für die Gegenwart und für die Zukunft. Sie schenkt mir den Glauben, den ich brauche, um durchzuhalten und kraftvoll zu leben.

Wem schenkst du dein Ohr? Den Stimmen der Vergangenheit? Den Lügen, mit denen du aufgewachsen bist? Den negativen Äußerungen deiner Freunde? Den Stimmen in den sozialen Medien? Den Nachrichten, durch die du scrollst? Ändere das, worauf du hörst. Fülle dein Herz und deine Gedanken mit dem Wort Gottes. Lies darin. Hör dir die Bibel im Stream oder als Hörbuch an. Du kannst auch Verse auswendig lernen, um dir selbst Gottes Botschaft zuzusprechen. Deine Überzeugungen entspringen dem, worauf du hörst – also höre auf die Botschaft von Jesus, die du in der Bibel findest.

Danke, himmlischer Vater, dass du mir die Möglichkeit schenkst, im Glauben zu wachsen, indem ich deiner Stimme mehr Aufmerksamkeit schenke als allen anderen Stimmen, die auf mich einprasseln. Danke, dass du durch dein Wort zu mir sprichst. Amen.

18

An Widerständen wachsen

Nehmt es für lauter Freude, meine lieben Brüder und Schwestern, wenn ihr mancherlei Prüfungen zu bestehen habt, denn ihr wisst, dass die Erprobung eures Glaubens Ausdauer bewirkt.

Jakobus 1,2–3 (Zürcher Bibel)

Von ein paar seltenen Ausnahmen abgesehen, verläuft das Leben für die meisten Menschen nicht nach Plan. Es ist voller unangenehmer Überraschungen, unerwarteter Herausforderungen, Verluste, Enttäuschungen, Leid und Turbulenzen. Mein eigenes Leben war ebenfalls alles andere als unproblematisch und schmerzfrei, aber ich kann rückblickend sagen: Die Jahrzehnte, die ich mit Jesus gelebt habe, waren auf jeden Fall besser als meine frühen Jahre, in denen ich ohne ihn unterwegs war.

Ich würde gern sagen, dass mein Weg seither leicht und mühelos ist, aber das stimmt nicht. Meine eigene Erfahrung und die Bibel haben mir gezeigt, dass sich das auch in Zukunft wahrscheinlich nicht ändern wird. Wir leben in einer gefallenen Welt und darum kommen wir um Herausforderungen nicht herum. Wir werden Probleme haben, wir werden Fehler machen, wir werden Enttäuschungen erleben, wir werden müde werden, wir werden an unsere Grenzen stoßen und vielleicht sogar aufgeben wollen. Immer wieder. Aber damit wir all diese Situationen bewältigen können, schenkt Jesus uns Ausdauer – etwas, das wir nach Aussage von Jakobus dadurch bekommen, dass unser Glaube auf die Probe gestellt wird.

Wenn es doch bloß eine App gäbe, bei der wir eine Portion Durchhaltevermögen abrufen könnten! Wäre es nicht toll, wenn wir einfach nur draufklicken müssten und schon etwas zur Verfügung hätten, so wie wir es auch bei allem anderen machen, was wir brauchen? Eine Reise buchen, einen Tisch im Restaurant reservieren, Lebensmittel einkaufen, eine Fernsehserie schauen oder einen Film streamen – für alles gibt es eine App. Aber es gibt keine App, die einem Ausdauer liefert. Ja, ich hab's überprüft!

Durchhaltevermögen ist eine Fähigkeit, die wir nur dadurch entwickeln, dass wir an etwas dranbleiben, obwohl wir am liebsten aufgeben würden. Sie ist eine Kraft, die sich nur durch Widerstand verstärkt. Glaub mir: Jedes Mal, wenn mein Trainer mehr Gewichte an meine Langhanteln hängt, stöhne ich auf. Aber meine Muskeln werden nur kräftiger, wenn ich gegen mehr Widerstand ankämpfen muss.

So ist es auch mit unserem geistlichen Leben. Eine Prüfung stärkt uns für die nächste. Eine Glaubensprüfung bereitet uns auf die nächste vor – so werden wir allmählich immer stärker und entwickeln mehr Durchhaltevermögen.

Nimm dir einen Moment Zeit, und stell dir ehrlich die Frage, wie du zu den Herausforderungen stehst, mit denen du konfrontiert wirst. Führen sie dazu, dass du zögerst, Risiken einzugehen und Glaubensschritte zu wagen? Nimmst du sie zum Anlass, dich zurückzuziehen, statt mutig weiterzugehen? Allzu schnell lassen wir uns in die Richtung treiben, die unsere Wünsche und Gefühle uns vorgeben, vor allem dann, wenn wir verletzt wurden. Aber Jesus möchte, dass wir vorwärtsgehen. Er will, dass wir uns auch über Situationen freuen, bei denen unser Glaube herausgefordert wird, weil wir uns bewusst sind: Gerade sie helfen uns dabei, mehr Durchhaltevermögen zu entwickeln.

Du bist so gut, Vater. Ich will lernen, mich darüber zu freuen, wenn ich mit Prüfungen konfrontiert werde, weil ich weiß: Gerade durch diese Bewährungsproben bekomme ich Durchhaltevermögen – genau das, was ich brauche, um einen starken Glauben zu entwickeln und weiterzukommen. Amen.

19

Zeit für einen Durchbruch

Die Tore von Jericho waren fest verschlossen, weil sich die Bewohner vor den Israeliten fürchteten; niemand durfte hinein oder hinaus. Da sagte der Herr zu Josua: „Ich habe Jericho, seinen König und dessen starke Krieger in deine Hand gegeben."
Josua 6,1–2

Als die Israeliten die Wüste hinter sich gelassen und das verheißene Land betreten hatten, stießen sie als Erstes auf eine Mauer, die Stadtmauer von Jericho. Sie waren vierzig Jahre lang in der Wüste umhergewandert und hatten nun endlich ihren Bestimmungsort erreicht – dann fanden sie sich plötzlich vor einer Mauer wieder. Und das war nicht irgendeine Mauer, es war die am besten befestigte Stadtmauer, die zum damaligen Zeitpunkt je errichtet worden war. Die äußere Wand war sechs Meter hoch und 1,80 Meter dick. Die innere Wand war neun Meter hoch und sechs Meter breit.[9] Aus menschlicher Perspektive betrachtet, war das eine unüberwindliche Mauer. Undurchdringlich. Unmöglich.

Kannst du dir vorstellen, wie die Israeliten sich gefühlt haben müssen? Seit sie Ägypten verlassen hatten, hatten sie ein Wunder nach dem anderen erlebt, und nun, als sie den Jordan überquert hatten und endlich alles in trockenen Tüchern zu sein schien, standen sie vor der Mutter aller Mauern. Es war das Letzte, womit sie gerechnet hätten.

Hast du dich auch schon mal so gefühlt? Es lief alles gerade richtig gut, und dann – *zack!* – standest du unvermittelt vor einer

Mauer? Vielleicht bestand diese Mauer auch nicht aus Ziegeln und Mörtel, aber es war trotzdem eine Mauer, denn sie ließ dich ernsthaft darüber nachdenken, ob du nicht lieber aufgeben willst – oder zumindest innehalten oder den Rückzug antreten. Das kann eine geistliche, mentale oder physische Mauer gewesen sein – aber sie fühlte sich so real an wie die Mauern von Jericho.

Vielleicht hat diese Mauer dich auch völlig durcheinandergebracht – in Bezug auf Gott. In Bezug auf sein Wesen und seinen Charakter. Vielleicht hat sie deinen Glauben erschüttert oder dich daran zweifeln lassen, ob du noch im Einklang mit dem Willen Gottes bist. Vielleicht warst du auch wie gelähmt und konntest dir nicht vorstellen, dass es jemals wieder besser werden würde. So fühlen wir uns ziemlich schnell, wenn unser Leben sich nicht so entwickelt, wie wir uns das erhoffen. Doch Gott versteht unseren Schmerz und unsere Enttäuschung und er wird uns nie den Rücken kehren.

Nachdem die Israeliten auf ihre Mauer gestoßen waren, sagte Gott zu Josua: „Ich habe Jericho, seinen König und dessen starke Krieger in deine Hand gegeben." Ein tolles Versprechen! Und tolle Aussichten für die Zukunft! Kannst du dir vorstellen, wie sich das auf ihren Glauben ausgewirkt hat? Gott hatte sie nicht den ganzen Weg ins verheißene Land geführt, damit sie dort auf eine Mauer trafen und aufgaben. Er hatte sie diesen weiten Weg geführt, damit sie Jericho einnahmen und noch weiter ins Land vordrangen.

Und Gott wünscht sich dasselbe für dich. Vor welcher Mauer auch immer du stehst – jetzt ist nicht der richtige Zeitpunkt, um den Rückzug anzutreten. Jetzt ist der richtige Zeitpunkt für einen Durchbruch. Nimm deine Bibel zur Hand. Halte darin Ausschau nach Gottes Sicht der Dinge. Finde die Verheißungen, die auf deine Situation zutreffen, und klammere dich vertrauensvoll daran, bis sich das erfüllt, was Gott für dich vorbereitet hat.

Vater, ich bin so froh, dass du jede Mauer schon kennst, bevor ich darauf stoße, und dass du da bist! Danke, dass du vor mir hergehst und mir hilfst, in jeder Situation auf dich zu vertrauen und meinem Weg weiter zu folgen. Amen.

20

Ein Teller Brokkoli

Denn Gott, der Herr, ist für uns Sonne und Schutz. Er schenkt uns Gnade und Ehre. Der Herr wird denen nichts Gutes vorenthalten, die tun, was recht ist.
Psalm 84,12

Als meine Mädchen noch jünger waren, musste ich sie bei mehr als einer Gelegenheit daran erinnern: So sehr wir uns das auch wünschen und so sehr wir seinen Geschmack auch lieben – wir können nicht von *Salted Caramel*-Eis leben. Du kannst dir vielleicht vorstellen, wie schockiert und enttäuscht sie waren. Das darauffolgende Stöhnen und Seufzen ist mir natürlich nie entgangen, auch wenn ich dadurch schon früh lernte, mich in mütterlicher Konsequenz zu üben.

Oft erklärte ich ihnen dann ausführlich, dass wir mehr Gemüse und weniger Eis essen sollten. Aber wenn ich ganz ehrlich bin, muss ich zugeben, dass ich genauso enttäuscht war wie sie. Ich würde jederzeit Salzkaramell-Eis Gemüse vorziehen. Du nicht auch? Warum ist es so viel leichter, sich für die Dinge zu entscheiden, durch die wir uns besser fühlen, als für die Dinge, die besser für uns sind?

Und ist das nicht derselbe Kampf, den wir auch in geistlicher Hinsicht ausfechten? Wie oft haben wir Gott schon erklärt: „Herr, hier ist mein Gebetsanliegen, und nur, damit du es weißt: Ich mag nur Salted-Caramel-Eis. Ich mag kein Gemüse. Also, was auch immer du tust – komm mir bloß nicht mit irgendwelchem Gemüse."

Und Gott wird nicht müde, uns so geduldig wie alle guten Eltern zu erklären: „Ich weiß, was am besten für dich ist. Hier ist ein Teller Brokkoli. Der schmeckt dir vielleicht nicht so gut, aber glaub mir, dadurch bekommst du das, was du zum Leben brauchst. Weißt du denn nicht, dass ich gut bin und dass ich weiß, was gut für dich ist? Ich will dir mit dem Brokkoli nicht schaden. Ich möchte, dass du mehr Kraft bekommst. Ich bereite dich auf die Zukunft vor, die ich schon liebevoll für dich geplant habe."

Eigentlich wissen wir, dass Gott uns *das Gute* nicht vorenthält. Aber wenn er uns kein „Eis", sondern „Gemüse" gibt, denken wir genau das. Wir denken, er enthalte uns etwas vor oder er gönne es uns nicht. Passiert dir das auch so oft wie mir?

Wie wäre es, wenn wir heute damit anfangen, ihm und dem, was er mit uns vorhat, mehr zu vertrauen? Alles, was er tut, ist zu unserem Besten. Er ist uns treu. Er beschützt uns. Er trainiert unsere Glaubensmuskeln. Er hilft uns, Durchhaltevermögen zu entwickeln. Er ist ein guter Vater, der alle Dinge zu unserem Besten dienen lässt, auch wenn sie uns nicht schmecken … oder sich nicht gut anfühlen.

Wenn er dir also gerade einen Teller Brokkoli vorgesetzt hat, dann vertraue darauf, dass er dir dadurch helfen will, geistlich stärker zu werden. Er bereitet dich auf das vor, was er für dich geplant hat. Er beweist dir dadurch nur, wie treu und verlässlich er ist.

Himmlischer Vater, ich danke dir dafür, dass ich dir wichtig bin. Danke, dass du mir nur das gibst, was am besten für mich ist, weil du mich auf die Zukunft vorbereitest, die du liebevoll für mich geplant hast. Amen.

21

Schau nicht zurück!

Denkt an Lots Frau!
Lukas 17,32 (Luther)

Wusstest du, dass das der zweitkürzeste Vers in der Bibel ist? Lerne ihn jetzt auswendig, dann gewinnst du vielleicht das nächste Bibel-Quiz, wenn genau danach gefragt wird! Mitten in seinen Ausführungen über das Kommen des Gottesreiches sagt Jesus, wir sollen an Lots Frau denken. Warum das? Warum ausgerechnet an sie? In der Bibel werden mehr als 170 Frauen erwähnt, und sie ist die Einzige, von der Jesus sagt, dass wir an sie denken sollen. Nicht an Maria, seine Mutter. Und auch an keine seiner Schwestern. An keine der Frauen, die er geheilt hat oder die gemeinsam mit ihm unterwegs waren. Er erwähnt auch keine der anderen Frauen aus dem Alten Testament. Er sagt uns nur, dass wir an Lots Frau denken sollen – eine Frau, die auf den Seiten der Bibel nur eine ganz kurze Gastrolle gespielt hat. Alles, was wir von ihr wissen, ist, dass sie nach Sodom und Gomorra zurückgeblickt hat, nachdem ein Engel sie bei der Hand genommen und sie und ihre Familie aufgefordert hatte, um ihr Leben zu laufen – und dass sie daraufhin zu einer Salzsäule erstarrte.

Jesus hat gesagt, dass wir *an sie* denken sollen.

Vielleicht, weil sie die eine Sache getan hat, die sie nicht tun sollte. Stell dir die Szene einmal vor: Sie läuft hinter Lot her, zögert aber ein wenig, weil sie sich nach ihrem Zuhause zurücksehnt. Vielleicht bestand das wahre Problem ja darin, dass sie hin- und hergerissen war zwischen dem, was sie zurückließ, und dem, was sie erwartete? Vielleicht war ihr Herz noch in Sodom bei ihren Freundinnen und Angehörigen und all den Erinnerungen, die sie mit diesem Ort verband? Gott ist auf übernatürliche Weise in ihrem Leben aufgetaucht und hat ihr gesagt, dass sie weiterziehen soll, aber sie zögert und bleibt schließlich stehen, weil sie unentschlossen ist. Aber die Tatsache, dass ihr das, was sie hinter sich lässt, wichtiger ist als das, was Gott für sie bereithält, kostet sie ihr Leben.

Gibt es vielleicht etwas, das Gott von dir möchte? Was hat er dir über deine Zukunft gesagt? Blickst du nach vorn oder schaust du zurück? Steckst du irgendwo fest zwischen dem, was du hattest, und dem, was Gott für dich bereithält? Hängst du innerlich irgendwo fest? Emotional? Oder geistlich? Wo auch immer du dich auf deiner Reise befindest – heute ist ein guter Tag, um nach vorn zu schauen und weiterzuziehen.

Gott hat Aufgaben für jeden von uns. Er will, dass unser Leben Frucht bringt. Und wenn Gott uns weiterführen will, dann lass uns solche Gelegenheiten beim Schopf packen. Lass uns vertrauensvoll an ihm festhalten. Lass uns den Mut haben, dorthin zu gehen, wohin wir noch nie gegangen sind, und das tun, was wir noch nie getan haben. Lass uns den Mut haben, darauf zu vertrauen, dass Gott uns hält und uns in die Zukunft führt. Lass uns darauf vertrauen, dass er uns liebt und nie damit aufhören oder sich von uns abwenden wird. Natürlich ist es schwer, das hinter sich zu lassen, womit wir innerlich noch verbunden sind, aber lass uns an Lots Frau denken, so wie Jesus gesagt hat. Lass uns weiterziehen und niemals zurückblicken.

Himmlischer Vater, hilf mir, meine Augen auf dich zu richten. Und hilf mir auch, an Lots Frau zu denken und nicht zurückzuschauen. Ich möchte weiterziehen und all das tun und erleben, was du liebevoll für mein Leben geplant hast. Amen.

22

Weniger von diesem oder mehr von jenem?

Da wir nun so viele Zeugen des Glaubens um uns haben, lasst uns alles ablegen, was uns in dem Wettkampf behindert, den wir begonnen haben – auch die Sünde, die uns immer wieder fesseln will. Mit Ausdauer wollen wir auch noch das letzte Stück bis zum Ziel durchhalten.
Hebräer 12,1 (Hoffnung für alle)

Wenn ich die erste Zeile des heutigen Verses lese, stelle ich mir all die Christen vor, die bereits gestorben sind – wie sie sich über den Himmelsbalkon lehnen und uns anfeuern. Ich denke dabei aber auch an all die noch lebenden Christen, die uns in gewisser Hinsicht einen Schritt voraus sind. Diejenigen, die das durchgemacht haben, was wir im Moment gerade durchmachen, und uns sagen können, wie sie das geschafft haben, damit wir es auch schaffen. Dann fällt mein Blick auf den Rat des Verfassers, der uns im nächsten Satz sagt: *Lasst uns alles ablegen, was uns in dem Wettkampf behindert, den wir begonnen haben – auch die Sünde, die uns immer wieder fesseln will.*

Hast du dich schon mal gefragt, wie diese Gedankengänge zusammenpassen? Ich schon, und ich habe dabei etwas Interessantes herausgefunden: Die Olympiateilnehmer der antiken Spiele – die schon Hunderte von Jahren vor unserer Zeitrechnung stattfanden – mussten die Wettkämpfe nackt antreten. Sie betraten das Stadium mit Kleidung und zogen diese dann vor dem Start des Rennens aus. So konnten sie viel schneller laufen, da sie nicht mehr durch das überflüssige Gewicht und den zusätzlichen Luftwiderstand behindert wurden. Der Verfasser des Hebräerbriefes verwendet also dieses Bild aus der Welt des Sports, um uns zu vermitteln: Wenn wir den geistlichen Wettkampf, den wir auf dieser Erde absolvieren müssen, erfolgreich hinter uns bringen wollen, müssen wir alles ablegen, was uns daran hindert, unser Rennen zu laufen und das Ziel zu erreichen.

Könnte es sein, dass es in unserem Leben Beziehungen, Gewohnheiten, Vorlieben, Hobbys, Gedanken, vielleicht auch Herzenshaltungen gibt, die uns behindern? Könnte es bestimmte Sünden geben, die den Absichten Gottes im Wege stehen? Unserer Bestimmung? Könnte es sein, dass wir Veränderungen vornehmen müssen, um Jesus ähnlicher zu werden und sein Wesen besser widerzuspiegeln? Vielleicht geben wir Dingen Raum, die wir loslassen sollten – Wut, Unversöhnlichkeit oder Verbitterung? Vielleicht sollten wir damit aufhören, auf andere eifersüchtig zu sein oder über sie zu tratschen? Vielleicht leiden wir unter Minderwertigkeitskomplexen oder Schamgefühlen und sollten Jesus bitten, uns davon zu befreien? Solche Dinge zu überwinden, ist oft ein Prozess, aber es ist wichtig, ihn zu beginnen.

Wenn Gott mir zu verstehen gibt, dass ich etwas loslassen soll – und das können auch gute Dinge sein, Tätigkeiten, die ich genieße, oder Nahrungsmittel, für die ich eine Schwäche habe –, ist das ein Glaubensschritt. Denn wenn ich Gott vertraue, bedeutet das, dass ich mich darauf verlasse, dass das, was Gott für mich vorgesehen hat, besser ist als das, was ich loslasse. Dasselbe gilt für uns alle, denn er liebt jeden und jede von uns und will unser Bestes.

Was hat Gott dich gebeten abzulegen? Hast du den leisen Hinweis verspürt, dass du etwas loslassen solltest? Etwas Bestimmtes weniger oft tun solltest und etwas anderes häufiger? Vertraust du darauf, dass Gottes Absichten für dich besser sind als deine eigenen Vorstellungen davon, wie dein Leben laufen soll? Dann unternimm einen Glaubensschritt, und hab den Mut, dich seiner Führung anzuvertrauen. Dann kannst du auch deinen Wettkampf erfolgreich absolvieren und hast genug Ausdauer für die Wegstrecke, die noch vor dir liegt.

Himmlischer Vater, die Absichten und Ziele, die du für mein Leben hast, sind mir wichtiger als all das, was mich noch daran hindert, dir mein Leben ganz anzuvertrauen. Hilf mir zu erkennen, was mich behindert, damit ich vertrauensvoll weiterlaufen kann. Amen.

23

Wohin schaust du?

… indem wir unsere Augen auf Jesus gerichtet halten,
von dem unser Glaube vom Anfang bis zum Ende abhängt.
Er war bereit, den Tod der Schande am Kreuz zu sterben,
weil er wusste, welche Freude ihn danach erwartete.
Nun sitzt er an der rechten Seite von Gottes Thron im Himmel!
Hebräer 12,2

Nick und ich verbrachten ein Wochenende damit, einen Motorradkurs zu absolvieren. Er weiß, wie sehr ich alles Italienische und vor allem Vespas liebe, und deshalb machte er mir diese Freude.

Am ersten Tag unseres Kurses wiesen sie uns darauf hin, wie wichtig das korrekte Sehen ist – wie wichtig es ist, darauf zu achten, was vor einem ist, was um einen herum ist und was von hinten auf einen zukommt. Aber das Allererste, was sie uns beibrachten, war die wichtigste Lektion des Tages: Wohin du schaust, dorthin wirst du auch fahren.

Und das ist auch eine wichtige Lektion für unser geistliches Leben! Wohin schauen wir tagein, tagaus? Ist das die Richtung, in die wir wollen? Wir leben in einer Zeit, in der uns unzählige Möglichkeiten offenstehen. Wir könnten jeden Tag Stunden damit verbringen, auf unsere Smartphones zu schauen. Unsere E-Mails zu lesen, nachzusehen, wie viele Likes wir bekommen und wie viele Leute unsere Posts teilen. Nachrichten zu schauen und Serien zu streamen. Wenn wir unsere Handys nicht ganz bewusst aus der Hand legen, hören wir vielleicht niemals damit auf.

Der Verfasser des Hebräerbriefes hatte vielleicht keinen Schimmer davon, was in unserer Generation los sein würde, aber er schrieb uns wohlweislich, dass wir allein auf Jesus schauen sollen. Wie wichtig ist es also, dass wir uns beibringen, den Blick von anderen Dingen abzuwenden und ihn in allererster Linie auf Jesus zu richten! Noch nie zuvor wurden Menschen so stark durch technische Spielzeuge abgelenkt. Versteh mich nicht falsch: Auch ich verzichte nicht aufs Handy. Ich benutze es fast immer, um mit unserem *Global Team* zu kommunizieren. Wir bleiben in Verbindung, indem wir uns zu *Zoom*-Meetings verabreden. Und wenn Nick und ich auf Reisen sind, schreiben wir unseren Mädchen jeden Tag über *FaceTime*. Aber auch wenn wir die moderne Technik nutzen, um die Dinge zu tun, mit denen Gott uns beauftragt hat: Wir sollten uns von ihnen nicht so stark vereinnahmen lassen, dass wir vergessen, in erster Linie auf Jesus zu schauen.

Lass uns daran denken, dass Jesus uns den Glauben überhaupt erst geschenkt hat. Jesus ist der Grund, warum wir am Ball bleiben. Jesus ist der Grund, warum wir wieder aufstehen, wenn wir hingefallen sind. Jesus ist der Grund, warum wir nicht aufgeben.

Wenn das, worauf du schaust, dich von all dem ablenkt, wofür Gott dich geschaffen hat, von all dem, wozu er dich berufen hat, dann richte deinen Fokus neu aus. Schau auf Jesus, den „Anfänger und Vollender“ (Luther) unseres Glaubens. Denjenigen, der durchgehalten hat, damit wir das auch können.

Jesus, ich will meinen Blick nur auf dich richten. Ich werde nicht wegschauen. Du bist der Grund, warum ich angefangen habe zu glauben, und der Grund, warum ich weiterhin am Glauben festhalte. Amen.

24

Sei eine glaubende Gläubige

Weil sie nicht an ihn glaubten, konnte er keine Wunder bei ihnen tun, und er legte nur einigen Kranken die Hände auf und heilte sie. Und er wunderte sich über ihren Unglauben. Danach zog Jesus von Dorf zu Dorf und lehrte die Menschen.
Markus 6,5–6

Es gibt nur zwei Bibelstellen, in denen beschrieben wird, dass Jesus staunte bzw. sich (positiv) wunderte. Das eine Mal war, als er sah, wie groß der Glauben eines Nichtjuden war – des römischen Hauptmanns. (Du kannst das im ersten Impuls noch mal nachlesen.) Und das andere Mal war, als er in seine Heimatstadt zurückkehrte und in der Synagoge lehrte. An jenem Tag waren nicht viele Menschen offen für seine Lehren. Im Gegenteil. Sie zweifelten daran, dass er überhaupt qualifiziert dafür war, sie zu lehren. Sie meinten, er sei doch nur der Sohn des örtlichen Zimmermanns, und ärgerten sich über ihn.

Was für eine Ironie des Schicksals! Da waren in der Heimatstadt von Jesus Israeliten – also Menschen aus dem Volk Gottes – zusammengekommen, um das Wort Gottes zu hören. Aber weil sie Jesus so gut kannten, glaubten sie nicht, dass er derjenige war, der er zu sein behauptete, oder dass er tun konnte, was er behauptete, tun zu können. Und was geschah? „Weil sie nicht an ihn glaubten, konnte er keine Wunder bei ihnen tun, und er legte nur einigen Kranken die Hände auf und heilte sie."

Es mag vielleicht überraschen, aber offenbar gibt es eine Art von Unglauben, der dem, was Gott an einem Ort tun will, den Riegel vorschiebt. Aus dem Kontext geht hervor: Der Grund dafür ist eine scheinbare Vertrautheit mit Jesus, die dazu führt, dass wir in Glaubensdingen etwas nachlässig werden.

Ich glaube nicht, dass irgendjemand von uns möchte, dass die eigene Vertrautheit mit Jesus dazu führt, dass wir ihm mit Geringschätzung begegnen und so die Absichten und Ziele, die Gott mit unserem Leben hat, durchkreuzen. Warum sollten wir das zulassen? Niemand von uns möchte so sein wie die Menschen in der Heimatstadt Jesus – „ungläubige Gläubige". Denn in gewisser Hinsicht waren sie genau das. Sie hatten genug Glauben, um zu Jesus zu kommen und ihm zuzuhören – aber nicht genug, um all das anzunehmen, was er für sie tun wollte.

Lass uns „glaubende Gläubige" sein, die die Art von Glauben besitzen, der Zeichen und Wunder möglich macht. Lass uns glaubende Gläubige sein, die all das glauben und annehmen, was Jesus sagt und was er tun will. Gibt es etwas Bestimmtes, das du heute von ihm brauchst? Hab den Mut, einen Glauben aufzubringen, über den Jesus nur staunen kann, und warte ab, was er tut!

Jesus, ich will eine glaubende Gläubige sein! Ich will glauben, dass du derjenige bist, der du zu sein behauptest, und dass du das tun wirst, was du versprochen hast zu tun. Gerade heute, in meinem Leben. Amen.

25

Glaube, der bis zum Ende durchträgt

Denn alles ist mir möglich durch Christus,
der mir die Kraft gibt, die ich brauche.
Philipper 4,13

Das Gelände war tückisch. Steil. Uneben. Ziemlich steinig. Ich befand mich auf dem Abstieg vom Mount Baden Powell, einem der ersten Berge, die ich jemals bestiegen hatte, und es war ganz anders, als ich es mir vorgestellt hatte. Ich hatte mir Videos angeschaut, um mich vorzubereiten, und genau zugehört, als meine Freundin Dawn mich vor potenziellen Schwierigkeiten gewarnt hatte – und trotzdem dachte ich immer noch, dass es leichter sein würde, einen Berg hinabzusteigen als hinauf. Ich hatte ja schließlich die Schwerkraft auf meiner Seite, oder? Ich ging davon aus, dass der Abstieg schneller vonstattengehen würde. Das schien mir einfach logisch. Aber es passiert uns im Leben einfach immer wieder, dass wir Dinge, die wir noch nicht selbst erlebt haben, falsch einschätzen.

Ich achtete genau darauf, was Dawn machte, und folgte ihrem Beispiel. Vor jedem Schritt stieß ich meine Wanderstöcke vor mir in den Boden und nahm mir die Zeit, mit dem einen Fuß festen Halt zu finden, bevor ich den anderen nachzog. Ich hätte gern nach oben und nach vorn geschaut, aber ich wagte es nicht. Ein falscher Schritt, und schon würde ich stürzen. Es war anstrengend und mühselig, und ich brauchte mehr Geduld, als ich normalerweise aufbringen kann. Es überraschte mich festzustellen, dass unser Abstieg mir ebenso viel abverlangte wie unser Aufstieg zum Gipfel. Aber im Gegensatz zum Aufstieg war ich nun nicht mehr voller Energie. Ich war nicht länger vom Enthusiasmus beflügelt. Ich freute mich nicht mehr auf den Blick von oben, und alle meine Muskeln schrien danach, endlich diesen Berg hinter sich zu lassen.

Ich musste erst noch lernen, dass es ebenso viel Kraft und Ausdauer erfordert, das Ziel einer Wanderung zu erreichen, wie diese zu beginnen. Ich wusste, dass das in geistlicher Hinsicht stimmt, denn das war bei allem so gewesen, womit Gott mich beauftragt hatte. Ich hatte Glauben gebraucht, um den ersten Schritt zu gehen, Glauben, um dem Weg zu folgen, und Glauben, um bis zum Ende durchzuhalten.

Ich wette, dass du diese Erfahrung ebenfalls schon mal gemacht hast. Du hast zuversichtlich geglaubt, dass ein Angehöriger gerettet wird, eine Geschäftsidee funktioniert, eine Beförderung kommt – und dann gemerkt, dass dein Glaube im Laufe der Zeit auf immer schwächeren Beinen stand. Solche Momente sind für unseren Glaubensweg entscheidend, denn in diesen Momenten gehen wir entweder weiter oder wir weichen zurück.

Gott will, dass wir einen Glauben haben, der uns hilft, bis zum Schluss durchzuhalten. Gibt es etwas, wofür du gebetet und woran du von ganzem Herzen geglaubt hast, und nun schreit alles in dir nur noch danach aufzugeben? Blicke nach vorn und stärke deinen Glauben. Dir ist *alles* möglich durch Christus, der dir die Kraft gibt, die du brauchst.

Vater, ich danke dir dafür, dass du mir die Kraft schenkst, an meinem Glauben festzuhalten – dass ich meinen Weg nicht nur beginne, sondern ihm weiter folge bis zum Ziel. Ich will heute meinen Blick auf dich richten und es wagen, dir aufs Neue zu vertrauen. Ich kann alles schaffen, weil du mir die nötige Kraft schenkst. Amen.

Teil 2

GOTTES GNADE TRÄGT UNS

Anheimelnd, dunkel, tief die Wälder, die ich traf.
Doch noch nicht eingelöst, was ich versprach.
Und Meilen, Meilen noch vorm Schlaf.
Und Meilen Wegs noch bis zum Schlaf.

Robert Frost[10]

26

Gedenksteine

Diese Steine sollen als Denkmal dienen. Später werden eure Kinder einmal fragen: „Was bedeuten euch diese Steine?" Dann könnt ihr ihnen antworten: „Sie erinnern uns daran, dass der Jordan sich teilte, als ihn die Bundeslade des Herrn durchquerte." Diese Steine sollen eine ewige Gedenkstätte für das Volk Israel sein.
Josua 4,6–7

Nachdem das gesamte Volk Israel den Jordan durchquert hatte, forderte Gott Josua auf, einen Mann aus jedem der zwölf Stämme auszuwählen. Jeder von ihnen sollte einen Stein aus dem Fluss holen, wo die Priester noch standen. Diese hatten dort im Fluss die Bundeslade gehalten, während die Menschen hindurchgegangen waren. Nachdem jeder der Männer einen Stein geholt hatte, sollten sie diese dorthin tragen und ablegen, wo sie die Nacht verbringen würden. Welchen Sinn das Ganze hatte, wird im heutigen Vers erklärt. Die Steine sollten Gedenksteine sein – sie sollten die Menschen daran erinnern, dass Gott das Wasser flussaufwärts aufgestaut hatte, um dem Volk einen sicheren Durchzug zu gewähren. Sollten daran erinnern, dass Gott das Unmögliche möglich gemacht hatte.

Hast du auch solche Gedenksteine? Vermutlich haben wir die alle. Bei mir war es genauso wie bei den Israeliten: Gott hat auch auf meinem Glaubensweg immer wieder das Unmögliche möglich gemacht. Der Gott, der mich durch die eine Lebensphase hindurchgetragen hat, ist derselbe, der mich auch durch die nächste brachte.

Der Gott, der mit mir auf den Berggipfeln war, war auch in den dunkelsten, tiefsten Tälern an meiner Seite. Ich habe immer wieder erleben dürfen, dass er treu ist.

Und wenn ich wieder einmal mit einer herausfordernden Situation konfrontiert bin, wenn ich weiß, dass wieder einmal Durchhaltevermögen gefragt ist, dann hole ich meine Gedenksteine hervor. Ich erinnere mich an Vergangenes. Ich rufe mir in Erinnerung, dass Gott treu gewesen ist. Ich denke daran, dass mein Gott mich auch in den schwierigsten Zeiten und schlimmsten Prüfungen nie verlassen hat. Er hat mich hindurchgetragen und mir einen Weg gebahnt, wo kein Weg zu sein schien. Und jedes Mal, wenn ich mich erinnere, kann ich spüren, wie mein Glaube wächst und mir die Kraft schenkt, zuversichtlich weiterzugehen.

Und wie ist es mit dir? Bist du gerade mit etwas Unmöglichem konfrontiert? Gibt es etwas, das dir Sorgen bereitet? Wenn ja, ist heute ein guter Tag, um ein paar Gedenksteine aufzuheben und dich daran zu erinnern, wie Gott dir in der Vergangenheit zur Seite gestanden hat. Das wird dir helfen, auch in der Gegenwart und in der Zukunft vertrauensvoll an ihm festzuhalten und deinem Weg weiter zu folgen. Halte doch heute einmal fest, was Gott schon für dich getan hat. Schau dir deine Gedenksteine an, und danke Gott dafür, dass er dir treu gewesen ist.

Himmlischer Vater, ich danke dir für all die Situationen, in denen du mir zur Seite gestanden hast. Du hast meine Fragen beantwortet, hast mich geheilt und mir Kraftquellen, Ideen und Lösungen geschenkt. Du bist mir treu. Amen.

27

Ja und Amen

Er selbst ist in seiner Person das Ja Gottes zu uns, denn alle Zusagen Gottes erfüllen sich in ihm. Und auf das, was Christus für uns getan hat, antworten wir zur Ehre Gottes mit „Amen".
2. Korinther 1,19–20 (Hoffnung für alle)

Die Bibel ist ein Buch voller Verheißungen.[11] Und Paulus schreibt an die Gemeinde in Korinth, dass sich all diese Zusagen von Gott in Jesus Christus erfüllen, weil dieser das personifizierte Ja Gottes zu uns ist. Das bedeutet: Was er uns in der Bibel versprochen hat, wird er auch wirklich tun.

Gott hat in seinem Wort versprochen, dass er uns nicht verlassen und uns auch nie im Stich lassen wird.[12] Er hat versprochen, wenn wir ihm vertrauen, wird er sich um die Scherben unseres Lebens kümmern.[13] Er wird dafür sorgen, dass das Gute und das Schlechte letztendlich zu unserem Besten dienen.[14] Er hat uns Rettung und Heilung versprochen.[15] Er hat uns Glauben, Hoffnung und Liebe versprochen.[16] Er hat uns Vergebung, Versöhnung und Wiederherstellung versprochen.[17]

Ich weiß das, weil ich seine Zusagen gelesen habe – und wenn es in der Bibel steht und wenn Gott will, dass ich in den Genuss all dieser Dinge komme, dann will ich sie auch. Ich habe seine Verheißungen in Tagebücher und auf Klebezettel geschrieben. Ich habe sie auswendig gelernt. Ich habe sie Gott im Gebet vorgehalten. Ja, genau: Ich habe ihn an seine eigenen Versprechen erinnert. Ich habe sie mir selbst laut vorgesprochen. Warum habe ich all das getan?

Um meinen Glauben an seine Verheißungen gewissermaßen zu „aktivieren". Stell dir vor, dass Gott dir etwas versprochen hat, du aber nichts davon wusstest, weil du nie davon erfahren hast, und darum hast du ihn auch nie daran erinnert.

Hast du die Bibel schon mal nach einer Verheißung durchforstet, an die du Gott im Gebet erinnern könnest? Wenn ich für bestimmte Dinge bete, dann spreche ich mit Gott so, als würde ich mit dir sprechen. Und im Laufe unseres Gespräches zitiere ich oft einen oder mehrere Verse, um ihn an seine Zusagen zu erinnern, die auch mir gelten. Was ich Gott zu sagen habe, ist ihm extrem wichtig, aber wenn ich ihn an das erinnere, was er mir als Jesus-Nachfolgerin versprochen hat, „aktiviert" das meinen Glauben an diese Versprechen. Und es erinnert Gott daran (nicht, dass er etwas vergessen würde ...).

Was brauchst du heute? Mitgefühl? Nachsicht? Hoffnung? Glauben? Durchhaltevermögen? Schnapp dir deine Bibel, und suche dir die Verheißung, die dir gerade das verspricht, was du in dieser Situation brauchst. Schreib dir diese Verheißung an den Rand oder in den unteren Bereich dieser Buchseite. Und schreib sie dir in dein Herz und in deinen Verstand. Und dann erinnere Gott an diese Verheißung. Sag sie dir laut vor. Und vertraue darauf, dass sich all seine Zusagen in Jesus Christus erfüllen.

Vater, ich danke dir, dass du deine Versprechen immer einhältst und mich nie im Stich lässt. Hilf mir, dein Wort zu verstehen, damit ich mir diese Verheißungen zusprechen und dich gleichzeitig immer wieder daran erinnern kann. Ich vertraue dir. Amen.

28

Gott ist mit dir

Seid stark und mutig! Habt keine Angst und erschreckt nicht vor ihnen! Der Herr, euer Gott, wird selbst mit euch gehen. Er wird euch nicht verlassen und euch nicht im Stich lassen.
5. Mose 31,6

Das ist für mich die tollste Verheißung, die es in der Bibel gibt. Denn selbst dann, wenn ein Sturm tobt, wenn du im Dunkeln sitzt, wenn alles, was du gelernt und worauf du dich verlassen hast, ins Wanken gerät oder dir genommen wird und du keine Ahnung hast, was die Zukunft für dich bereithält, gibt es immer noch eines, woran du dich klammern kannst: das Versprechen, dass Gott bei dir ist. Er verlässt uns nie. Er lässt uns nie im Stich. Er ist immer auf unserer Seite. Er ist gerade jetzt bei dir, wo auch immer du bist.

Vielleicht weißt du momentan nicht, was du als Nächstes tun sollst, und hast auch keine Ahnung, was dich in Zukunft erwartet. Vielleicht fühlst du dich schrecklich allein und denkst, dass du es einfach nicht länger ertragen kannst. Vielleicht hast du deine Arbeitsstelle verloren oder hast gesundheitliche Probleme. Vielleicht ist deine Ehe in die Brüche gegangen. Vielleicht hat sich dein Kind abgewandt – von Gott, von dir, von der Familie. Dann möchte ich dich an die genialste aller Verheißungen erinnern: Gott ist an unserer Seite.

Wenn wir schwere Zeiten durchmachen, denken wir manchmal, die wichtigste Verheißung sei die, in der Gott uns verspricht, das zu geben, was wir brauchen – sei es nun finanzielle Sicherheit für unsere Familie, die Wiederherstellung einer Beziehung oder körperliche Heilung. All diese Dinge sind gut und wichtig, und Gott möchte, dass wir uns in allem, was wir brauchen, auf die biblischen Verheißungen stützen. Aber wenn es in unserem Leben ganz finster wird und wir das Gefühl haben, dass niemand auf unserer Seite ist, dürfen wir uns an der größten Verheißung festhalten, die unser Gott uns gemacht hat: dass er selbst mit uns ist.

Wenn du gerade eine solche Phase durchmachst, dann richte deinen Blick auf denjenigen, der bei dir ist. Auch wenn du ihn nicht spürst oder siehst – er hat dir versprochen, dass er bei dir ist, und darauf kannst du dich verlassen. Genau das meint Paulus, wenn er sagt, dass wir im Glauben leben und nicht im Schauen. Wir vertrauen darauf, dass er bei uns ist. Dass wir ihm wichtig sind und dass er für uns sorgt. Ich weiß, dass es leichter ist, die Aufmerksamkeit auf das zu richten, was dir fehlt. Aber dann verlierst du den aus dem Blick, der wirklich da ist – nämlich Gott, der dir absolut treu ist. Er kann und wird dich niemals verlassen oder im Stich lassen. Womit auch immer du gerade konfrontiert bist – halte dich an das, was Mose gesagt hat: „Seid stark und mutig! Habt keine Angst und erschreckt nicht … Der Herr, euer Gott, wird selbst mit euch gehen."

Himmlischer Vater, ich danke dir für dein „Da-Sein". Danke, dass du bei jedem Schritt, den ich gehe, an meiner Seite bist. Dass du mich niemals verlässt oder im Stich lässt. Ich will meinen Blick auf dich richten, denn du bist bei mir. Amen.

29

Gott ist treu

Und Sara, Abrahams Frau, die eigentlich unfruchtbar war, glaubte unerschütterlich an Gottes Zusage, dass sie noch ein Kind bekommen würde. Sie wusste, dass Gott alle seine Zusagen einhält. Und tatsächlich wurde sie schwanger, obwohl sie dafür schon viel zu alt war.
Hebräer 11,11 (Hoffnung für alle)

Abraham und Sara sehnten sich nach einem Kind. In den frühen Jahren ihrer Ehe, als sie noch jünger waren und durchaus damit rechnen konnten, Eltern zu werden, kam es jedoch nicht dazu. Als Sara 65 war, versprach Gott ihrem Ehemann Abraham, dass seine Nachkommen so zahlreich sein würden wie die Sterne am Himmel. Aber Jahr um Jahr verging und sie bekamen kein Kind.

In der Bibel heißt es, dass Abraham nie den Glauben daran verlor, aber Sara Mühe hatte zu glauben, dass Gott sich an sein Versprechen halten würde. Ich weiß nicht, wie es dir geht, aber angesichts der Tatsache, dass Sara die Wechseljahre schon lange hinter sich hatte, kann ich verstehen, warum sie sich schwertat, daran zu glauben, dass sie immer noch ein Kind bekommen konnte. Immerhin wird auch in der Bibel betont, dass sie „schon viel zu alt" dazu war.

Wie wir wissen, hat Sara die Dinge schließlich selbst in die Hand genommen, statt noch länger auf Gottes Eingreifen zu warten. Sie schlug vor, dass Abraham mit ihrer Dienerin Hagar schlafen sollte, und Hagar schenkte ihm auch tatsächlich einen Sohn.

Dann, dreizehn Jahre später, als niemand es mehr für möglich gehalten oder gar damit gerechnet hätte, geschah es doch noch.

25 Jahre waren vergangen, seit Gott Abraham versprochen hatte, dass seine Nachkommen so zahlreich wie die Sterne sein würden – und nun, 25 Jahre später, wurde Sara schwanger und brachte einen Sohn namens Isaak zur Welt. Sie war zu diesem Zeitpunkt 90 Jahre alt!

Wie konnte das geschehen? Weil sie Gott glaubte. Weil sie „unerschütterlich an Gottes Zusage" glaubte, wurde sie tatsächlich schwanger, denn „sie wusste, dass Gott alle seine Zusagen einhält".

Es lag nicht daran, dass ihr Körper noch fruchtbar war, ihr Mann mächtig war oder die Umstände günstig waren. Es lag nicht daran, dass es in der Reproduktionsmedizin einen Durchbruch gegeben hätte. Es lag daran, dass sich ihr Glauben vertieft hatte und sie nicht länger versuchte, das Wie, Warum und Wann zu kontrollieren.

Erst wenn unser Vertrauen auf Gott größer ist als unser Glaube an die Begrenzungen, die die Umstände uns auferlegen, wird es uns gelingen, die Verheißung, die Gott uns schenkt, in unserem Leben Realität werden zu lassen. Die Zeiten, die wir mit Warten verbringen, die Jahre, in denen wir uns fragen, ob Gott unsere Gebete gehört hat, haben einen Sinn. Das sind die Zeiten, in denen Gott unseren Glauben stärkt, damit wir seine Verheißung empfangen können. Bei Sara dauerte das 25 Jahre, aber schließlich erkannte sie, dass Gott treu war – ungeachtet ihres Alters und ihrer Lebensumstände.

Was hat Gott dir versprochen? Hab den Mut, ihm zuzutrauen, dass er treu ist.

Himmlischer Vater, ich will dir vertrauen, denn du bist treu! Ich will auch geduldig sein und mich auf deinen Zeitplan verlassen. Ich weiß, dass du mich gehört hast, und während ich auf deine Antwort warte, will ich daran festhalten, dass du treu bist und es gut mit mir meinst. Amen.

30

Nimm in Besitz, was schon dir gehört

Seht! Ich habe euch dieses Land ausgeliefert! Geht hinein und nehmt es in Besitz, denn es ist das Land, das ich, der Herr, euren Vorfahren Abraham, Isaak und Jakob und ihren Nachkommen mit einem Eid versprochen habe.
5. Mose 1,8

Gott hatte dem Volk Israel das verheißene Land bereits zu einem Zeitpunkt übergeben, als sie es noch nicht einmal erreicht hatte – es gehörte ihnen schon lange, bevor sie dort ankamen. Aber obwohl Gott es ihnen bereits ausgeliefert hatte, mussten sie den Weg dorthin noch zurücklegen und es in Besitz nehmen. Zuerst mussten sie die Reise durch die Wüste bewältigen. Dann mussten sie den Jordan überqueren und anschließend all das tun, was notwendig war, um das Land, das Gott ihnen gegeben hatte, tatsächlich in Besitz zu nehmen. Sie mussten um die Mauern herummarschieren, die die Stadt Jericho umgaben, und sie dadurch zum Einsturz bringen. Sie mussten Riesen gegenübertreten und sie besiegen. Sie mussten die Bewohner aus dem Land vertreiben. Mit anderen Worten: Obwohl Gott ihnen das gab, was er ihnen versprochen hatte, mussten sie selbst ihren Teil dazu beitragen, um sich das, was ihnen bereits gehörte, wirklich anzueignen.

Ich denke, dass es sich mit den Verheißungen, die Gott auch uns heute gegeben hat, genauso verhält. Alles, was er uns in der Bibel zugesagt hat, gilt uns schon, aber wir müssen unseren Beitrag leisten, um uns das, was er uns geschenkt hat, auch wirklich anzueignen. Wenn wir unseren Teil nicht beitragen, kann das dazu führen, dass wir viel weniger genießen werden, als wir möchten, und auch viel weniger, als Gott eigentlich für uns geplant hat.

Gott möchte, dass wir die Fülle dessen genießen, was er uns schenken möchte. Er will, dass wir in seinem Frieden ruhen, in seine Liebe eingehüllt sind, mit seiner Hoffnung erfüllt und unter seinem Schutz geborgen sind. Aber wenn wir das Gefühl haben, dass wir all das, was er uns bereits geschenkt hat, nicht verdienen, dann leben wir vielleicht ein Leben, das Gott niemals so für uns im Sinn hat. Vielleicht bist du auf eine Lüge des Feindes hereingefallen und denkst, du hättest so viel falsch gemacht, dass Gott nichts mehr für dich tun kann. Doch nichts ist weiter von der Wahrheit entfernt. Wir haben alle denselben Zugang zu denselben Verheißungen desselben Gottes.

Was auch immer in deiner Vergangenheit geschehen ist – Gott hat wunderbare Absichten, eine wunderbare Bestimmung und ein wunderbares Ziel für dich. Er möchte, dass all dies für dich Wirklichkeit wird, aber damit das geschieht, musst du deinen Teil beitragen. Du musst losgehen und das Land in Besitz nehmen, das er dir gegeben hat. Du musst dich mit seinem Wort beschäftigen und seine Verheißungen finden und sie für dich in Anspruch nehmen. Du musst das Risiko eingehen, Gott zu glauben. Dem zu glauben, was er dir sagt. Dich vollkommen auf ihn zu verlassen. Lass es uns gemeinsam tun. Das ist ein Weg, wie wir am Ball und dem Gott treu bleiben können, der uns treu ist.

Vater, ich danke dir für das „Land", das du mir gegeben hast, und für die Zusagen, die du mir in deinem Wort gemacht hast. Ich will das Risiko eingehen, dir zu glauben, deinem Wort zu glauben und darauf zu vertrauen, dass du mir hilfst, all das in Besitz zu nehmen, was mir schon gehört. Amen.

31

Keine gekreuzten Finger

Gott ist kein Mensch, der lügt. Er ist kein Mensch, der etwas bereut. Hat er je etwas gesagt und nicht getan? Hat er je etwas versprochen und es nicht wahr gemacht?
4. Mose 23,19

Als meine jüngste Tochter Sophia in die Schule kam, lernte sie einen Trick von ihren Klassenkameraden. Sie hatte ihn schon ein paarmal angewandt, bis es mir auffiel. Aber irgendwann stellte ich fest: Wenn ich sie irgendetwas fragte, zum Beispiel, ob sie ihre Spielsachen weggeräumt hatte, nahm sie eine Hand hinter den Rücken und sagte: „Ja!"

Mir schoss der Gedanke durch den Kopf, dass das seltsam war, aber sie war immer ein sehr kreatives, einfallsreiches Kind gewesen, daher dachte ich mir nicht viel dabei. Doch als ich sie eines Tages wieder einmal gebeten hatte, ihre Spielsachen aufzuräumen, kam ich an ihrem Zimmer vorbei und bemerkte, dass diese immer noch auf dem Boden verstreut lagen. Kein einziges war in der Spielzeugkiste.

„Sophia", rief ich ihr zu, „warum hast du mir gesagt, dass du alle deine Spielsachen weggeräumt hast, obwohl das gar nicht stimmt? Warum hast du mich angelogen?"

„Ich hab nicht gelogen, Mummy", antwortete sie, „denn ich hab hinter dem Rücken die Finger gekreuzt. Die Lüge zählt nicht, wenn man die Finger kreuzt."

Mir wurde sofort klar, dass sie genau das getan hatte, wenn sie ihre Hand hinter den Rücken genommen hatte. Falls du auch

Kinder hast, die so was gemacht haben, hast du vermutlich dasselbe getan wie ich: Ich habe meiner Kleinen lang und breit erklärt, dass man immer die Wahrheit sagen muss und dass gekreuzte Finger keinesfalls dazu führen, dass eine Lüge nicht zählt. Ich kann mich noch erinnern, dass ich Sophia im Rahmen meiner Ausführungen auch sagte, dass Gott nicht lügt. Dass Gott nicht lügen *kann*. Und dass das mit ein Grund ist, warum wir nicht lügen sollten.

Aber leider – und das musste auch Sophia letztlich lernen – können Menschen im Gegensatz zu Gott sehr wohl lügen. Sie betrügen uns und brechen ihre Versprechen und manchmal tun sie uns damit furchtbar weh.

Ich bin so froh, dass Gott kein Mensch ist und dass er nicht lügen kann. Er wird niemals lügen. Trotzdem kann ich nachvollziehen, dass wir manchmal, wenn uns jemand verletzt, ein Versprechen bricht und unser Vertrauen zerstört, nicht mehr sicher sind, ob wir Gott vertrauen können. Einfach deshalb, weil unser Vertrauen zu anderen Menschen erschüttert ist. Es kann im schlimmsten Fall sogar so weit kommen, dass wir Gott nicht mehr glauben, weil wir den Menschen nicht mehr glauben.

Lass mich dir eines versichern: Die Bibel und alle Zusagen, die Gott uns darin macht, sind felsenfeste, klare Verpflichtungen, die er selbst eingegangen ist – und Gott hält sein Wort. Was hat er dir versprochen? Welche Bibelverse hat er dir aufs Herz gelegt? Er ist treu und hält seine Zusagen – darauf kannst du dich felsenfest verlassen. Halte vertrauensvoll an ihm fest und mach dir immer wieder klar: Gott ist kein Mensch, der lügt.

Himmlischer Vater, hilf mir, dir mehr zu vertrauen. Hilf mir, immer im Hinterkopf zu behalten, dass du treu bist und dass du dein Wort und alle Zusagen halten wirst, die du mir gemacht hast. Amen.

32

Wie wartest du?

Weißt du es denn nicht? Hast du denn nicht gehört? Der Herr ist ein ewiger Gott, der Schöpfer der ganzen Erde. Er wird nicht matt oder müde. Sein Verstand ist unergründlich. Er gibt den Erschöpften neue Kraft; er gibt den Kraftlosen reichlich Stärke. Es mag sein, dass selbst junge Leute matt und müde werden und junge Männer völlig zusammenbrechen, doch die, die auf den Herrn warten, gewinnen neue Kraft. Sie schwingen sich nach oben wie die Adler. Sie laufen schnell, ohne zu ermüden. Sie gehen und werden nicht matt.
Jesaja 40,28–31

Hattest du schon mal das Gefühl, in einer schier endlosen Warteschleife festzustecken? Ich meine die Phasen, in denen unser Glaube zu bröckeln beginnt und wir das Gefühl haben, dass wir es einfach nicht länger schaffen, zu hoffen und zu glauben? So angestrengt wir den Horizont auch nach einem Hoffnungsschimmer absuchen – irgendwie scheint kein Ende in Sicht.

Vielleicht hattest du dieses Gefühl, als du krank warst und dir verzweifelt gewünscht hast, endlich wieder gesund zu werden.

Vielleicht hattest du dieses Gefühl, als du Gott um einen Partner gebeten und dich von ganzem Herzen danach gesehnt hast, endlich zu heiraten.

Vielleicht hattest du dieses Gefühl, als du versucht hast, Geld zu sparen, um endlich dein Haus abzubezahlen.

In jeder einzelnen meiner Warteschleifen hat mir eine Gewissheit weitergeholfen: Egal, wie erschöpft, müde und schwach ich mich auch fühle – Gott fühlt sich niemals so. Nein, er ist sogar derjenige, der den Erschöpften neue Kraft schenkt. Wenn wir ihm vertrauen, verstärkt er gewissermaßen unsere Kräfte. In einer anderen Übersetzung des heutigen Verses heißt es, dass diejenigen, die auf den Herrn *vertrauen*, immer wieder neue Kraft bekommen. Warten und vertrauen sind eng miteinander verwandt – beide beinhalten eine aktive Komponente. Wenn wir darauf warten, dass Gott endlich eingreift, heißt das nicht, dass wir Eis essend auf dem Sofa sitzen und ungeduldig darauf warten, dass irgendwas passiert. Wenn wir auf Gottes Handeln warten, ist das etwas Aktiveres. Dieses Warten ist eine innere Haltung, die von Glauben geprägt ist. Es ist ein gespanntes Warten auf das Eingreifen Gottes. Es basiert auf einer Lebenseinstellung, die sagt: „Ich weiß vielleicht nicht, was die Zukunft bringt, aber ich kenne den Gott, der die Zukunft in seiner Hand hält." Wenn jemand diese Art von Glauben hat, ist er überzeugt: „Er ist gut, und weil er gut ist, kann ich ihm vertrauen, auch wenn ich sein Handeln im Moment nicht begreifen kann."

Wie wartest du? Wartest du in angespannter Erwartung? Oder voller Sorge, Angst oder Verzweiflung? Richte doch deinen Blick auf Gott, der dir Kraft geben will. Der dich stark machen will. Der dich mit dem Heiligen Geist erfüllen will, damit du nicht nur die Wartezeit irgendwie überstehst, sondern in ihr viel Gutes erlebst und Gottes Nähe erfährst. Richte dich heute neu auf Jesus aus, und entscheide dich bewusst dafür, mutig und mit viel Lebensfreude durch diese Zeit zu gehen, immer in der Gewissheit, dass Gott deine Zukunft liebevoll in seiner Hand hält.

Himmlischer Vater, ich will meiner Zukunft zuversichtlich entgegengehen. Erfülle du mich mit neuer Energie, neuer Kraft und neuer Leidenschaft. Ich will dir vertrauen, auch wenn ich im Moment nicht sehen kann, dass du in meinem Leben am Werk bist. Ich lege meine Hoffnungen und meine Träume in deine Hände. Amen.

33

Stärker als ein Sturm

„Letzte Nacht stand ein Engel des Gottes, dem ich gehöre und dem ich diene, neben mir und sagte: ‚Hab keine Angst, Paulus, denn du wirst auf jeden Fall vor dem Kaiser vor Gericht stehen! Und Gott in seiner Güte hat jedem sicheres Geleit zugesagt, der mit dir segelt.'"
Apostelgeschichte 27,23–24

Als Paulus diese Worte zitierte, befand er sich als Gefangener auf einem Schiff, das auf dem Weg nach Rom war. Die Reisenden waren in einen heftigen Sturm geraten. Der Himmel war pechschwarz, und sie hatten keine Ahnung, in welche Richtung sie segeln sollten. Kein Mond, keine Sterne in Sicht – es gab nichts, woran der Kapitän sich orientieren konnte. Es deutete alles darauf hin, dass sie untergehen würden.

Aber Gott hatte Paulus ein Versprechen gemacht. Ein Engel hatte ihm mitgeteilt, welchen Auftrag Gott für ihn hatte: Er sollte vor den Kaiser treten. Und warum? Wenn Paulus nach Rom gelangte, konnte er dort davon erzählen, wie gütig und barmherzig Gott ist. Und dann würde wiederum die Gute Nachricht von Jesus Christus von der damals größten Stadt der Welt in die ganze Welt hinausgehen. Es stand viel mehr auf dem Spiel als nur das Überleben von Paulus. Es ging um die Zukunft unzähliger Menschen.

Wenn Gott dir ein Versprechen gegeben hat, dann ist es gleichgültig, wie heftig der Sturm ist, in dem du dich gerade befindest, oder wie dunkel die Nacht ist. Kein Dämon der Hölle und kein Mensch auf Erden kann Gottes Absichten für dich durchkreuzen.

Das bedeutet nicht, dass du nicht von Wind und Wellen hin und her geschüttelt wirst oder dass dir nicht hin und wieder speiübel wird. Es fühlt sich vielleicht so an, als würde der Sturm dich vernichten, aber das wird nicht passieren. Denn gerade im Sturm entwickelst du Kraft, Ausdauer und Zähigkeit.

Hat Gott dir ein Versprechen gegeben? Gibt es da eine biblische Verheißung, die du für dich in Anspruch nehmen willst?

Nick und ich haben immer wieder stürmische Zeiten erlebt, und wir haben alle Zusagen studiert, die Gott uns gegeben hat. Wir haben ihn daran erinnert, was er unseren Kindern versprochen hat. Was er versprochen hat, in unserem Dienst und durch die Arbeit von *A21* zu tun. Es stehen im wahrsten Sinne des Wortes Menschenleben auf dem Spiel – und nicht nur unsere.

Ich habe in all den Jahren gelernt, dass Gottes Verheißungen immer mächtiger sein werden als jeder Sturm. Darum frage ich dich noch einmal: Hat Gott dir ein Versprechen gegeben? Woran hältst du fest, welchen Vers hast du schon vor langer, langer Zeit in dein Tagebuch geschrieben oder in deiner Bibel markiert? Erinnere Gott daran – immer wieder. Sag ihm, dass du ihm so treu sein willst, wie er dir treu ist. Sag ihm, dass du weiter glauben willst, bis du erlebst, dass sich sein Versprechen erfüllt.

Paulus hat genau das getan und er hat schließlich Rom erreicht. Er hat vor dem Kaiser gestanden. Und die Gute Nachricht hat sich ausgebreitet. Was Gott ihm versprochen hatte, hat sich erfüllt – und das, was er dir versprochen hat, wird sich auch erfüllen.

Himmlischer Vater, ich danke dir, dass dein Versprechen stärker ist als jeder Sturm, in den ich geraten kann. Ich will mich an den Zusagen festhalten, die du mir geschenkt hast. Ich weiß: Was du versprochen hast, wird sich auch erfüllen. Amen.

34

Geh nicht von Bord

Dann versuchten die Seeleute, das Schiff zu verlassen, indem sie das Rettungsboot hinabließen, aber so taten, als wollten sie vom Bug aus Anker werfen. Doch Paulus sagte zum Offizier und den Soldaten: Wenn die Seeleute nicht an Bord bleiben, könnt ihr nicht gerettet werden. Da kappten die Soldaten die Seile und ließen das Boot ins Meer fallen.
Apostelgeschichte 27,30–32

Die Matrosen des Schiffes, das Paulus nach Rom bringen sollte, beschlossen während des Sturms, von Bord zu gehen. Sie hatten Angst und berieten, wie sie an Land gelangen konnten. Sie wussten, dass das Schiff auf Grund laufen würde, und wollten nicht mehr an Bord sein, wenn es dann an den Felsen zerschellte.

Aber Paulus zufolge gab es nur eine Möglichkeit, wie die Männer überleben konnten – sie mussten an Bord bleiben. Und genau das gab Paulus auch dem Hauptmann und den Soldaten zu verstehen, denn der Engel des Herrn hatte ihm dies mitgeteilt. Gott hatte ihm versprochen, dass er sich um alle Männer auf diesem Schiff – und das waren immerhin 276 – kümmern und sie beschützen würde.

Ich weiß nicht, womit du gerade konfrontiert bist, aber lass dich von diesem Vers ermutigen. Um im Bild zu bleiben: Verlass dein Jesus-Schiff nicht. Oder mit anderen Worten: Verlier nicht den Glauben. Ich weiß, du bist vielleicht völlig fertig. Ich weiß, du bist vielleicht noch nie so enttäuscht worden. Die Angst, die du gerade empfindest, ist real. Vielleicht hast du den Angriffen nichts mehr entgegenzusetzen und fühlst dich einfach nur unglaublich schwach.

Vielleicht liegen auch deine Nerven blank. Wenn es dir gerade so geht: Halte an dem fest, was Jesus dir gesagt hat. Halte an ihm fest, deinem Retter, und an den Vorrechten, die du durch das genießt, was er für dich getan hast. Halte an all dem fest, was er dir versprochen hat. Denke daran, dass er treu ist – auch wenn Menschen es vielleicht gerade nicht sind.

Bleib Jesus treu, und suche immer wieder die Verbindung zu ihm, so wie er dir treu ist und die Verbindung zu dir sucht. Der heutige Bibelvers beinhaltet für mich die Botschaft, dass das „Schiff" eben manchmal untergehen muss, auch wenn wir nicht verstehen, warum – und dieses „Schiff" kann so ziemlich alles in unserem Leben sein. Aber selbst wenn es passiert und wir nicht verstehen, warum und wie das geschehen konnte, dürfen wir darauf vertrauen, dass Gott alles unter Kontrolle hat. Dass seine Zusagen immer noch gelten. Auch wenn alles verloren scheint.

Halte den Blick weiterhin auf Jesus gerichtet. Halte an der Verheißung fest, die er dir gegeben hat. Paulus hat genau das getan und alle haben überlebt. Ja, das Schiff lief auf Grund. Es wurde so lange von den Wellen hin und her geworfen, bis es schließlich zerbrach. Diejenigen, die schwimmen konnten, retteten sich schwimmend. Diejenigen, die nicht schwimmen konnten, hielten sich an Planken und Schiffsteilen fest. Aber Gott war treu und alle erreichten schließlich sicher rettendes Land.

Und auch du wirst sicher rettendes Land erreichen. Halte durch. Halte an Gott fest. Bleib demjenigen treu, der auch dir treu ist.

Himmlischer Vater, hilf mir, mein vom Sturm gebeuteltes Lebensschiff nicht zu verlassen und weiterhin an dich zu glauben. Ich will an der Zusage festhalten, die du mir gegeben hast. Amen.

35

Bereite dich vor

Als der Morgen dämmerte, bat Paulus alle, etwas zu essen. „Seit zwei Wochen habt ihr keine Nahrung angerührt", sagte er. „Esst etwas, denn es hilft euch zu überleben. Keinem von euch wird ein Haar gekrümmt werden."
Apostelgeschichte 27,33–34

Wenn ich den heutigen Bibelvers lese, springt mir förmlich ins Auge, wie naheliegend und sinnvoll die Anweisungen von Paulus waren. Die Männer, die mit ihm auf dem Schiff waren, hatten seit vierzehn Tagen nichts gegessen. Sie würden in Kürze auf Grund laufen und zum Ufer schwimmen müssen. Um das zu schaffen, brauchten sie Kraft. Sie mussten etwas essen.

Manchmal sind die Antworten, auf die wir warten, recht naheliegend und simpel. Ja, sie haben immer einen geistlichen Bezug, aber sie beinhalten auch sehr naheliegende, logische Schritte.

Als ich zum ersten Mal darüber nachdachte, südkalifornische Berge zu besteigen, war mir klar, dass ich das körperlich nicht schaffen würde. Dennoch war ich mir ziemlich sicher, dass Gott genau das von mir wollte. Ich war sehr fit, aber nicht fit genug, um acht Stunden am Stück zu klettern. Während mir allmählich aufging, welche Anstrengungen dies mir abverlangen würde, wurde mir klar: Ich musste mich mental auf diese Sache einlassen und gleichzeitig dafür sorgen, dass ich mehr körperliche Kraft und Ausdauer bekam. Also ernährte ich mich bewusster. Ich ging ins Fitness-Studio, um stärker, belastbarer und ausdauernder zu werden. Ich achtete darauf, dass ich genug Schlaf bekam. Ich bereitete mich auch mental darauf vor, indem ich mir Videos über alles anschaute, was mit Bergsteigen zu tun hatte. Ich sah mir sogar ein Video darüber an, wie zwei Männer im *YosemiteNationalpark* in Kalifornien eine mehr als 900 Meter fast senkrechte Felswand hinaufgeklettert waren, die sogenannte *Dawn Wall*. Als sie es endlich geschafft hatten, kamen mir vor Rührung die Tränen. Ich weiß – manchmal bin ich ein bisschen zu ehrgeizig. Aber alles, was ich tat, bereitete mich darauf vor, die Touren mit meiner Freundin Dawn, die Gott für uns geplant hatte, bewältigen zu können.

Vielleicht weißt du ja schon, welche Absichten Gott als Nächstes für dich hat. Du hast im Gebet mit ihm darüber gesprochen und dich geistlich darauf vorbereitet. Jetzt ist die Zeit gekommen, sicherzustellen, dass du auch körperlich dafür bereit bist. Denn Gottes Treue zu uns umfasst jeden Aspekt unseres Lebens, nicht nur unser geistliches Wohl. Er wollte Paulus und die anderen nicht nur aus dem Sturm retten, in dem sie sich befanden. Er wollte, dass sie dem gewachsen waren, was ihnen als Nächstes bevorstand: Sie würden zum Strand schwimmen müssen. Darum gab er ihnen durch Paulus zu verstehen, dass sie etwas essen sollten. Etwas so Einfaches, Pragmatisches.

Was hat Gott dir gezeigt – was solltest du tun, um dich körperlich auf das vorzubereiten, was als Nächstes kommt? Was auch immer es ist, tu es. Denn wenn du beides tust – das, was geistlich gesehen nötig ist, aber auch das ganz Praktische –, ist das der beste Weg, um diese Aufgabe zu bewältigen.

Himmlischer Vater, danke, dass dir jeder Aspekt meines Lebens am Herzen liegt. Zeig mir, was ich als Nächstes tun soll, und ich werde es tun. Amen.

36

Wer ist dein Hirte?

Ich bin der gute Hirte. Der gute Hirte opfert sein Leben für die Schafe.
Johannes 10,11

Ich bin zwar keine Farmerstochter, aber ich bin in Australien aufgewachsen, und dort gibt es viiiele Schafe. Ich denke zwar nicht, dass ich auf einer Farm eine große Hilfe wäre, aber ich weiß trotzdem ziemlich gut über Schafe Bescheid. Darum fasziniert es mich, dass Jesus uns als Schafe bezeichnet und sich selbst als unseren guten Hirten.

Nach allem, was ich über Schafe weiß, brauchen sie mehr Schutz und Fürsorge als die meisten anderen Nutztiere. Sie sind wehrlos und hilfsbedürftig. Sie können nicht schnell laufen, denn sie haben kurze Beine. Sie haben keine scharfen Zähne, um sich gegen Raubtiere zur Wehr zu setzen. Sie sind schnell verängstigt. Warum bezeichnet uns Gott also als Schafe – und das nicht nur ein- oder zweimal, sondern über zweihundert Mal in der Bibel?

Vielleicht liegt es daran, dass wir ebenso wie Schafe eine Menge Schutz brauchen. Jeder von uns braucht an irgendeinem Punkt seiner Reise die Gewissheit, dass Jesus da ist, dass Jesus uns im Blick hat, dass er uns beschützt und bereit ist, für uns einzutreten. Diese Gewissheit ist ein weiterer Stützpfeiler, der uns hilft, unserem Glaubensweg zu folgen. Ich denke, wer auch immer wir sind, an welchem Punkt unseres Lebens wir auch stehen und wie lange wir Jesus schon nachfolgen – ja, auch dann, wenn wir selbst eine Art Hirte sind, sei es zu Hause, am Arbeitsplatz oder in der

Gemeinde: Wir sind immer noch Schafe, die einen Hirten brauchen.

Wenn wir zu dicht an einen Abgrund geraten, brauchen wir ihn, damit er uns auf sicheres Terrain zurückholt. Wenn wir aus den Augen verlieren, wo der Weg langgeht, und uns von ihm entfernen, brauchen wir ihn, damit er uns findet und nach Hause bringt. Wenn wir abgelenkt sind und keine Ahnung haben, was der Feind vorhat, sind wir darauf angewiesen, dass Jesus eingreift. Ganz egal, wie intelligent wir sind, wie gut wir uns ausdrücken können, wie groß unser Bekanntenkreis ist und wie viele Ressourcen wir haben – wir brauchen immer noch den guten Hirten. Wir brauchen immer noch Jesus.

Es passiert so leicht, dass wir uns in die falsche Richtung orientieren und andere Dinge zu unserem „Hirten" erklären. Dass wir uns darauf verlassen, dass uns ja noch so viel Zeit zur Verfügung steht, darauf, dass wir viele Gaben, Talente und Fähigkeiten besitzen. Dass wir unser Vertrauen auf die Menschen setzen, die wir lieben. Wenn wir unser Selbstwertgefühl und unser Bedürfnis nach Sicherheit, Schutz, Bestätigung und Energie an etwas oder jemand anderem als Jesus festmachen, landen wir früher oder später irgendwo, wo wir nie hinwollten. Wie Schafe, die einen Hirten brauchen, der sie wieder zurückholt und sich um sie kümmert.

Entscheide dich heute ganz neu dafür, Jesus dein guter Hirte sein zu lassen. Denke darüber nach, auf welch vielfältige Weise er dich beschützt, dir treu ist und dich im Blick behält. Auch wenn es dir nicht bewusst ist. Sag ihm, wie sehr du ihn brauchst, und danke ihm für seine Treue.

Jesus, ich danke dir dafür, dass du mein guter Hirte bist. Danke, dass du mich beschützt – auch dann, wenn mir gar nicht bewusst ist, dass ich in Gefahr bin. Danke für deine Treue. Amen.

37

Licht im dunklen Tal

Auch wenn ich durch das dunkle Tal des Todes gehe,
fürchte ich mich nicht, denn du bist an meiner Seite.
Dein Stecken und Stab schützen und trösten mich.
Psalm 23,4

David, ein Mann nach dem Herzen Gottes, wurde viele Jahre von seinen Feinden verfolgt. Ich stelle mir gern vor, dass er sich oft gefragt hat, wann sich die Zusage Gottes, dass er König werden würde, denn nun endlich erfüllen würde. Er musste eine Herausforderung nach der anderen bestehen und geriet mehrmals in Lebensgefahr. Trotzdem glaubte er so fest an Gott und vertraute ihm so vollkommen, dass er sagen konnte, dass er sich auch im dunkelsten Tal nicht fürchten würde. Dass er sich vor keiner Gefahr fürchtete, weil er darauf vertraute, dass Gott an seiner Seite war.

Wenn ich mir mein eigenes Leben anschaue, muss ich an David denken. Offenbar hatte er die Art von Glauben, die ein Mensch nur dann entwickelt, wenn er durch dunkle Täler geht. Es wäre toll, wenn wir bloß geistliche Höhenflüge erleben würden. Aber ich folge Jesus jetzt schon seit über dreißig Jahren nach und habe in dieser Zeit festgestellt, dass mein Weg auch durch viele dunkle Täler führt. Ich habe viele Herausforderungen erlebt. Viele Angriffe. Ich habe vieles falsch gemacht, oft versagt und Dinge getan, für die ich um Vergebung bitten musste. Ich bin gefallen und wieder aufgestanden, aber in all dem war Gott immer an meiner Seite, so wie er auch an Davids Seite war.

Der Feind wird immer wieder versuchen, uns aufzuhalten, uns

dazu zu bringen, uns von Jesus abzuwenden, oder aufzugeben. Er ist da unerbittlich. Aber das ist Gott auch. Gott hört niemals auf, uns mit seiner Liebe, seiner Güte, seiner Treue und seiner Gegenwart zu beschenken.

Wenn ich durch ein dunkles Tal gehen musste, habe ich immer wieder den Blick gehoben und Gott und mir selbst Sätze zugerufen wie: „Ich gehe gerade durch ein Tal. Ich kann dich nicht sehen, Gott. Ich kann dich nicht spüren. Ich kann dich nicht wahrnehmen. Aber ich vertraue darauf, dass du da bist. Ich weiß, dass du mir helfen wirst, dich inmitten von all dem, was ich gerade durchmache, zu finden." Wenn ich etwas in dieser Art sage, hilft mir das, durchzuhalten, weil es mich daran erinnert, dass Gott bei mir ist. So, wie er bei dir ist. Immer. Er verlässt uns nie. Nicht einmal dann, wenn wir ihn nicht sehen, nicht spüren und nicht wahrnehmen können. Er ist trotzdem da.

Wenn du den Eindruck hast, dass Gott nicht da sei, dann übernimm die Kontrolle über deine Gedanken. Sprich, wenn nötig, so mit dir selbst, wie ich es getan habe. Sprich laut aus, dass Gott gegenwärtig ist. Er ist an deiner Seite.

Himmlischer Vater, danke, dass du bei mir bist. Immer.
Auch in der Dunkelheit. Danke, dass du die dunklen Täler hell machst und mir zeigst, wie es weitergeht. Amen.

38

Er ist treu

Deshalb wollen wir weiter an der Hoffnung festhalten, die wir bekennen, denn Gott steht treu zu seinen Zusagen.
Hebräer 10,23

An meinem fünfzigsten Geburtstag schmiss Nick eine Überraschungsparty für mich. Sie beinhaltete jede Menge gutes Essen, Freunde, einen Geburtstagskuchen und Sirtaki auf einem Boot in Südkalifornien. Wir hatten eine unvergessliche Nacht. Als ich das Boot verließ und mich von meinen Freunden verabschiedete, schaltete ich mein Handy ein … und sah, dass ich 26 verpasste Anrufe von meinem Bruder in Australien hatte, der mir mitteilte, dass unsere Mutter gestorben war.

Es war gleichzeitig die beste aller Zeiten und die schlimmste aller Zeiten. Ich hatte gerade eine wunderbare, glückliche Nacht verbracht und wollte all diese Eindrücke noch einmal auf mich wirken lassen. Stattdessen fuhr ich mit gebrochenem Herzen und völlig schockiert nach Hause. Meine Mutter war schon älter und hatte in der letzten Zeit auch ein paar gesundheitliche Probleme gehabt, aber wir waren alle sicher gewesen, dass sie noch eine Zeit lang bei uns sein würde. Für mich ergab das alles keinen Sinn.

Warst du auch schon mal in einer solchen Situation? Ich vermute, dass die meisten von uns schon mal an irgendeinem Punkt unseres Lebens versuchen mussten, mit etwas klarzukommen, das einfach keinen Sinn ergab. Ich bin sicher nicht die Einzige, die Gott gefragt hat: „Warum ist das passiert? Wo warst du in all dem? Warum, Gott, warum?"

Wir rechnen nicht damit, krank zu werden, oder? Wir rechnen nicht damit, dass eine Beziehung in die Brüche geht. Wir rechnen nicht damit, unseren Arbeitsplatz oder unsere Wohnung oder einen lieben Menschen zu verlieren, vor allem, wenn es viel zu früh ist. Wir rechnen nicht damit, etwas zu verlieren, von dem wir denken, dass wir es nicht verlieren sollten. Und in solchen Momenten passiert es allzu leicht, dass wir an Gott und seiner Güte zweifeln.

Damit wir an unserem Glauben festhalten, auch wenn es uns schwerfällt, sollten wir uns an eines erinnern: Gott, der uns seine Zusagen gegeben hat, ist treu. Ich weiß, dass es Zeiten gibt, in denen wir Gott wegen der Dinge vertrauen, die wir sehen und erleben. Aber ebenso gibt es auch Phasen, in denen wir Gott ungeachtet all dessen vertrauen müssen, was wir sehen und erleben. Das sind die Zeiten, in denen wir uns daran erinnern müssen, wer Gott ist und was wir über ihn wissen: Gott ist gut. Gott tut Gutes. Gott ist heilig. Gott ist gerecht. Gott ist Liebe. Gott ist voller Gnade und Barmherzigkeit. Gott ist freundlich und vergibt gern. Gott weiß alles. Gott macht keine Fehler. Gott hat alles unter Kontrolle.

Wir müssen uns daran erinnern: „Ich werde nicht der eine Mensch sein, den Gott im Stich lässt. Das ist einfach nicht möglich. Das entspricht nicht seinem Wesen und nicht seinem Charakter." Nein, die Dinge werden sich nicht immer so entwickeln, wie wir uns das wünschen. Wahrscheinlich werden sie das sogar eher selten tun. Aber das ändert nichts daran, wer er ist. Er, der uns seine Zusagen gegeben hat, ist treu.

Vater, ich danke dir dafür, dass du mir treu bist, auch wenn alles so ungewiss scheint. Ich will dir ungeachtet all dessen vertrauen, was ich sehe und erlebe. Danke dafür, dass du immer treu bist. Amen.

39

Freu dich über ihn

Doch auch wenn die Feigenbäume noch keine Blüten tragen und die Weinstöcke noch keine Trauben, obwohl die Olivenernte spärlich ausfällt und auf unseren Kornfeldern kein Getreide wächst, ja selbst wenn die Schafhürden und Viehställe leer stehen, will ich mich trotzdem über meinen Herrn freuen und will jubeln. Denn Gott ist mein Heil!
Habakuk 3,17–18

Als Habakuk diese Worte schreibt, sind die Zeiten sehr hart, und er sagt Gott ganz offen, wie es ihm damit geht. Sein Buch enthält sowohl Aussagen, die er an einen freundlichen Gott richtet, als auch Gottes Antworten an einen besonderen, freundlichen Menschen.

In den nur drei Kapiteln dieses Buches, in denen er seine Enttäuschungen mit Gott bespricht, macht er eine erstaunliche Entwicklung durch. Zu Anfang kann er einfach nicht begreifen, was mit seinem Volk passiert und warum Gott so handelt, wie er handelt. Und am Ende ist sein Glaube so stark, dass er bekennt: Selbst wenn in der Natur nichts mehr den erhofften Ertrag bringt – weder die Feigenbäume noch die Weinstöcke, weder die Olivenbäume noch die Kornfelder, weder die Schafe noch die Rinder … alles, was normalerweise Frucht hervorbringt –, „will ich mich trotzdem über meinen Herrn freuen und will jubeln. Denn Gott ist mein Heil!".

Habakuks Name könnte übersetzt „Umarmung" oder „Ringender" bedeuten[18], und genau das tut er auch. Er ringt mit Gott, und weil er das tut, erlebt er eine so beeindruckende Veränderung: von lähmender Angst zu tiefem Glauben, von Bestürzung zu Lobpreis;

von Tränen zu Triumph, von Sorge zu Anbetung, von Verwirrung zu Vertrauen. Er hält an Gott fest und am Ende ist er von neuem Vertrauen in Gott und neuer Zuversicht erfüllt.

Wann hast du dir zum letzten Mal Sorgen über das gemacht, was in deiner Heimat oder in der Welt geschieht? Zweifellos leben wir, ebenso wie Habakuk, in verwirrenden Zeiten. Jeden Tag gibt es neue Gründe, sich Sorgen zu machen. Aber wenn wir Angst bekommen, sollten wir uns von ihr nicht lähmen lassen. Wir müssen und dürfen mit Gott ringen, damit wir durchhalten und von neuem Glauben und fester Zuversicht erfüllt werden.

Damit mein Glaube stark bleibt, komme ich mit all meinen Bedenken zu Gott. Ich sage ihm, wenn ich mir Sorgen mache und Angst habe. Und dann fasse ich das, was Habakuk schon vor so langer Zeit gesagt hat, in eigene Worte: „Auch wenn die Feigenbäume keine Blüten tragen … auch wenn nichts so läuft, wie ich gehofft oder mir vorgestellt habe … auch wenn nichts Frucht hervorzubringen scheint … will ich dir dennoch vertrauen. Ich will mich über dich freuen und jubeln. Denn du bist mein Heil!“

Geben die Zeiten, in denen wir leben, dir Anlass zur Sorge? Merkst du, dass dir schwer ums Herz ist? Dann tu das, was Habakuk getan hat: Ringe mit Gott. Wende dich mit deinen Sorgen an ihn und bekenne voller Zuversicht: „Was auch immer geschieht, ich will Gott vertrauen! Ich will darauf vertrauen, dass er treu ist. Ich will mich über Gott freuen, denn er ist mein Heil!“

Vater, danke, dass du mir immer treu bist, ganz gleichgültig, was auf dieser großen Welt und in meiner kleinen Welt geschieht. Ich will dir vertrauen. Ich freue mich und juble über dich, denn du bist mein Heil. Amen.

40

Kämpfe den guten Kampf

Kämpfe den guten Kampf des Glaubens. Halte an dem ewigen Leben fest, zu dem Gott dich berufen hat und für das du ein gutes Bekenntnis vor vielen Zeugen abgelegt hast!
1. Timotheus 6,12

Als meine Tochter Sophia noch klein war, konnte ich sie nie dazu bringen, Obst zu essen. Weder Äpfel noch Orangen oder Weintrauben. Ich versuchte alles. Ich weiß noch, dass ich sogar mal versuchte, beim Backen Obst in einen Kuchen „hineinzuschmuggeln", in der Hoffnung, dass sie es nicht bemerken würde. Aber irgendwie hatte sie einen sechsten Sinn dafür entwickelt, Obst zu entdecken, und meine Versuche waren selten von Erfolg gekrönt. Irgendwann gab ich den Kampf auf, sie zum Obstessen zu bewegen – und wenn es nur ein kleines Stückchen wäre –, selbst wenn ich wusste, dass sie es dringend für ihre Gesundheit brauchte.

Vielleicht hast du Kinder, denen es genauso oder ähnlich geht. Vielleicht kämpfst du dafür, dass es Brokkoli oder Rosenkohl isst. Lass dir von mir gesagt sein: Es wird überleben. Lass dir deswegen keine grauen Haare wachsen. Es lohnt sich nicht, sich hier aufzureiben.

So banal das auch klingen mag – es gibt Kämpfe, die sich lohnen, und andere, die sich eben nicht lohnen. Es ist ganz wichtig, dass wir lernen, welche Kämpfe wir ausfechten sollten und welche wir uns schenken können. Es lohnt sich nicht, uns auf einen Kampf darüber einzulassen, ob unsere Kinder eine Portion Obst oder Gemüse essen. Es lohnt sich nicht, sich darüber aufzuregen, dass unser

Mann schon wieder vergessen hat, den Toilettendeckel zu schließen. Ich habe erkannt, dass es gut möglich ist, dass der Toilettendeckel in unserem Haus bis zum Jüngsten Tag offen sein wird. Darum weiß ich: Wenn der Toilettendeckel offen ist, lohnt es sich nicht, dass ich mich darüber aufrege. Stattdessen drehe ich mich einfach um und gehe zur Tagesordnung über.

Der Grund dafür ist einfach: Es *gibt* einen Kampf, der sich lohnt. Es *gibt* einen Kampf, der es wert ist, dass wir all unsere Kraft und unsere Emotionen in ihn investieren. Es *gibt* einen Kampf, der in jeder Hinsicht von entscheidender Bedeutung für unser Leben ist. Das ist der gute Kampf des Glaubens. Und am Ende des Tages ist das der Kampf, in den der Feind dich verwickelt, weil er weiß: Wenn du deinen Glauben an den Nagel hängst, wird er in der Lage sein, dich fertigzumachen.

Welche Kämpfe fechtest du aus? Wenn wir bis zum Ende durchhalten wollen, können wir es uns nicht leisten, uns in jeden Kampf zu stürzen. Wir können nicht all unsere Energie verpulvern. Wir müssen uns unsere Kraft für die richtigen Kämpfe aufsparen. Vielleicht ist es an der Zeit, bei ein paar Kämpfen die Segel zu streichen. Beim Kampf mit deinen Kindern. Beim Kampf mit dem schwierigen Kollegen. Beim Kampf mit dir selbst. Wenn du dein Leben lang am Glauben festhalten und vertrauensvoll deinem Weg folgen willst, dann überlege genau, welcher Kampf wirklich zählt. Kämpfe den guten Kampf des Glaubens.

Vater, ich danke dir, dass du mir zeigst: Ich sollte mich nicht auf Kämpfe einlassen, in denen ich nur meine Kraft verschwende. Du lehrst mich, den guten Kampf des Glaubens zu kämpfen. Zeig mir, wie ich im Glauben stark bleiben und immer an dir festhalten kann. Amen.

41

Wir sind berufen

Der Gott des Friedens heilige euch durch und durch. Er schütze euern Geist, eure Seele und euern Körper, damit sie unversehrt sind, wenn Jesus Christus, unser Herr, wiederkommt. Gott, der euch berufen hat, ist treu; er wird halten, was er versprochen hat.
1. Thessalonicher 5,23–24

Wir sind dazu berufen, einen Auftrag zu erfüllen: Wir sollen und dürfen all das sein und all das tun, wozu Gott uns erschaffen hat. Gott hat eine Leidenschaft in uns hineingelegt, die nie gestillt werden wird – er hat uns bei unserer Geburt einen Auftrag mitgegeben, den wir erfüllen dürfen.

Ein Teil meiner Berufung besteht darin, die Gute Nachricht weiterzugeben und mitzuerleben, wie Menschen Jesus kennenlernen. Ich bin dazu berufen, andere zu leiten und sie dazu auszubilden, selbst Leiter zu sein. Ich darf ihnen zeigen, wie sie von der Kraft Gottes erfüllt sein können, damit sie die Aufgaben erfüllen können, zu denen Gott sie berufen hat. Ich bin berufen, Ehefrau und Mutter zu sein. Freundin. Und ich bin dazu berufen, dabei mitzuhelfen, die moderne Sklaverei abzuschaffen – überall und endgültig.

Diese Berufungen sind meine Aufgaben von Gott, meine Aufträge. Das Wort „Berufung" leitet sich von dem Verb „rufen" ab – ein offenkundiger Hinweis auf den Ruf, der von Gott ausgegangen ist. Unsere göttliche Aufgabe ist in ihrem Kern eine Berufung, die über uns selbst hinausweist und uns von Gott gegeben ist. Sie ist dazu gedacht, ihm Ehre zu machen und ein Segen für unsere Mitmenschen zu sein.

Ich habe mich bemüht, alle diese Berufungen zu erfüllen, aber ich hatte immer das Gefühl, nicht wirklich qualifiziert zu sein. Aber inzwischen denke ich, dass das Teil von Gottes Plan ist. Denn wir wachsen im Glauben und entwickeln mehr Durchhaltevermögen gerade auch durch unsere Bereitschaft, mutig weiterzugehen und uns auf Gott zu verlassen. So lernen wir, uns auf ihn zu verlassen und nicht auf unsere eigene Kraft.

Ob wir nun dazu berufen sind, ein Unternehmen zu gründen, eine Hilfsorganisation aufzubauen oder die Straße zu überqueren, um die neue Nachbarin kennenzulernen – wenn Gottes Heiliger Geist uns einen sanften Stups gibt, einen mutigen Schritt zu wagen, ein Risiko einzugehen, anderen zu dienen, ein Leben zu retten oder eine bestimmte Verpflichtung einzugehen, haben wir selten das Gefühl, dass wir dazu bereit sind. Aber es geht auch gar nicht darum, sich „bereit" zu fühlen. Es geht darum, im Vertrauen auf Gott loszugehen und das zu tun, wozu er uns berufen hat.

Hast du schon herausgefunden, wozu Gott dich berufen hat? Wenn du diese Zeilen liest, bedeutet das, dass du noch am Leben bist, und Gott hat dich nicht umsonst auf diesen Planeten gestellt. Er möchte, dass wir Frucht bringen. Darum brauchen wir Durchhaltevermögen. Wir werden wahrscheinlich immer denken, dass wir nicht genug Mut, Kraft, Weisheit, Geld, Einfluss, Erfahrung, Bildung, Organisationstalent oder Unterstützung haben – aber es geht nicht um das, was *wir* haben oder nicht haben. Es geht darum, wer *Gott* ist. Und wie Paulus an die Gemeinde in Thessaloniki schrieb: Gott, der uns berufen hat, ist treu. Darum lass uns ihm treu sein. Lass uns all das tun, wozu er uns berufen hat.

Himmlischer Vater, ich danke dir für deine Treue. Du hast mich berufen, und du willst mir auch helfen, all die Aufgaben zu erfüllen, zu denen du mich berufen hast. Amen.

42

Besteh die Prüfung

Gott, du hast uns auch geprüft und uns gereinigt wie Silber im Schmelzofen.
Psalm 66,10

Ich habe ein paar Jahre am Wheaton College studiert und den Masterstudiengang für Evangelisation und Leiterschaft absolviert. Vier Jahre lang habe ich Vorlesungen besucht, geforscht und Seminararbeiten geschrieben, Bücher gelesen und Unmengen von Prüfungen abgelegt. Von allem, was ich dort tun musste, mochte ich die Prüfungen am wenigsten. Und um ganz ehrlich zu sein: So gern ich auch lerne – ich hänge lieber im Klassenzimmer ab, als Hausaufgaben zu machen. Aber um meinen Masterabschluss zu bekommen, musste ich die Aufgaben erledigen. Und alle Prüfungen ablegen.

Vor jeder einzelnen Prüfung habe ich fleißig gelernt, um so gut wie möglich vorbereitet zu sein. Ich hatte keine Lust, irgendeine Prüfung ein zweites Mal ablegen zu müssen. Ich wollte bei keiner Prüfung durchfallen. Ich wollte gute Noten bekommen und ins nächste Semester aufrücken.

Kannst du dich noch daran erinnern, wie es war, in die Schule zu gehen und Klassenarbeiten schreiben zu müssen? Vielleicht gehst du ja noch zur Schule oder auf die Uni, und es geht dir ebenso wie mir – du hasst die Prüfungen. Dann habe ich eine Nachricht für dich und für uns alle: Selbst wenn wir Schule oder Uni schon längst hinter uns haben, werden wir immer noch Prüfungen ablegen müssen, denn Prüfungen sind ein fester Bestandteil unserer geistlichen Reise. Nicht die Prüfungen, die wir im Hörsaal oder online ablegen.

Sondern Lebensprüfungen. Prüfungen, die Gott zulässt oder sogar erdenkt, um unseren Glauben und unser Durchhaltevermögen zu stärken. Prüfungen, die uns reinigen und stärker machen sollen.

Denk an das letzte Mal zurück, als du in der Schule oder der Uni eine Prüfung ablegen musstest. Ist dir aufgefallen, dass dein Lehrer kaum ein Wort gesagt hat, während du deine Prüfung abgelegt hast – außer natürlich, um dir mitzuteilen, dass auf deinem Tisch nur ein Kuli liegen darf oder dass du nicht zu deiner Nachbarin hinüberschielen darfst? Der Lehrer bzw. die Lehrerin verhält sich während einer Prüfung immer ruhig, weil er oder sie sehen möchte, wie du mit den Aufgaben zurechtkommst.

Gott verhält sich ganz ähnlich. Wir erwarten manchmal, dass Gott mitten in unseren Prüfungen zu uns spricht, aber er nimmt die Position des Lehrers ein. Es ist, als würde er sagen: „Ich verhalte mich ruhig, denn ich möchte sehen, was in dir steckt."

Solche Situationen können manchmal echt frustrierend sein, oder? Wir möchten, dass Gott zu uns spricht, haben aber oft das Gefühl, dass er sich in Schweigen hüllt.

Wenn wir eine Prüfung bestehen wollen, ist vor allem eines wichtig: dass wir an Gott festhalten, so wie er auch an uns festhält – und dann unserem Weg weiter zu folgen, den Blick immer fest auf Gott gerichtet.

Vater, bitte hilf mir, jede Prüfung zu bestehen und mir keine Sorgen zu machen, wenn du schweigst. Du bist trotzdem da und du bist auf meiner Seite. Du möchtest einfach, dass ich meine Prüfung bestehe. Amen.

43

Die Mauern meiner Mutter

Durch den Glauben marschierte das Volk Israel sieben Tage lang um Jericho herum, und die Stadtmauern stürzten ein.
Hebräer 11,30

Weil die Israeliten Gott vertrauten, stürzten schließlich die Stadtmauern von Jericho ein – aber erst, nachdem sie Gottes Anweisungen befolgt und genau das getan hatten, was Gott ihnen aufgetragen hatte. Ich schätze, dass die Anweisung, sieben Tage um eine Mauer herumzumarschieren, für die meisten Israeliten wenig Sinn ergeben hat. Und dennoch waren all diese Menschen Gott gehorsam.

Hattest du schon mal das Gefühl, dass Gott etwas von dir wollte, das für dich keinen Sinn ergeben hat? Und dennoch hast du gehorcht, hast einen Glaubensschritt getan, und es hat funktioniert? Mir ist das schon passiert, aber es war nicht leicht. Ich habe seitdem wiederholt die Erfahrung gemacht, dass es *selten* leicht ist, dass es sich jedoch *immer* lohnt.

Als ich damals die Entscheidung traf, Jesus von ganzem Herzen nachzufolgen, verursachte das große Spannungen in meiner Familie. Meine Angehörigen dachten, ich hätte mich irgendeiner Sekte angeschlossen, denn sie konnten sich nicht vorstellen, dass jemand 24 Stunden am Tag so begeistert von Jesus war. Ich gebe zu, dass mir in meiner neu gewonnenen Begeisterung die Weisheit fehlte. Daher bildete sich ein tiefer Graben zwischen meiner Mutter und mir. Es gab eine Zeit, in der sie kaum mit mir sprach, weil sie sich so verraten fühlte. Sie hatte solche Angst, dass ich mein kulturelles Erbe über Bord geworfen hätte. Und für mich war es schrecklich, mit jemandem unter einem Dach zu leben, der mich völlig ignorierte.

Eines Tages hatte ich den Eindruck, dass Gott mir Anweisungen gab, die ich ziemlich seltsam fand. Ich sollte jeden Dienstagabend mit meiner Mutter im Wohnzimmer ihre Lieblingssoap anschauen – ohne irgendwelche bissigen Bemerkungen darüber zu machen, wie übertrieben die Schauspieler agierten und wie vorhersehbar die Wendungen waren. Kannst du dir vorstellen, dass das nicht gerade mein Ding war? Ich fühlte mich zu etwas Höherem berufen – aber Gott weiß alles. Und damals wusste er, dass ich versucht war, jede Szene zu kritisieren. Heute bin ich etwas besser erzogen und besitze mehr Selbstbeherrschung. Ehrlich. Na, jedenfalls sollte ich ihr, nachdem ich mit ihr ferngesehen hatte, einen Kaffee kochen und dann das Geschirr spülen.

Es klingt so einfach, aber es war unglaublich schwer. Fast ein Jahr lang saß ich da und schaute zu. Schweigend. Wenn ich ihr Kaffee anbot, gab sie mir keine Antwort. So viele Male ging ich mit tränenüberströmtem Gesicht in die Küche, wusch das Geschirr, räumte es weg und ging in mein Zimmer. Dann lag ich im Bett und weinte mich selbst in den Schlaf. Aber nach etwa neun Monaten kam der Tag, an dem sie mit dem Kopf nickte, nachdem ich wieder einmal gefragt hatte, ob sie einen Kaffee wollte. Ich erlebte das Gleiche wie damals die Israeliten bei ihrer siebten Runde um die Stadt: Die Mauern meiner Mutter gerieten ins Wanken. Und bald darauf wurde unsere Beziehung total erneuert und war schließlich besser als je zuvor.

Welche Aufgabe hat Gott dir aufs Herz gelegt? Zögere nicht länger, und tu das, was er dir zu verstehen gegeben hat. Halte zuversichtlich durch, solange es eben dauert, und vertraue darauf, dass die „Mauern" schon einstürzen werden.

Vater, ich danke dir, dass keine Mauern so stark sind, dass du sie nicht zum Einsturz bringen könntest. Was auch immer du mir zeigst, will ich vertrauensvoll tun. Amen.

44

Gott ist ganz anders

Du bist gütig und tust den Menschen Gutes; lehre mich, deinen Bestimmungen zu folgen.
Psalm 119,68 (Neue Genfer Übersetzung)

Als Jugendliche bekam ich vor allem dann, wenn ich mich irgendwie danebenbenahm, oft von meinen Eltern oder Tanten und Onkeln zu hören: „Christine, tu das nicht, sonst wird Gott dich bestrafen." Ihre warnenden Worte waren verzweifelte Versuche, mich zu bändigen, denn ich konnte ganz schön fies sein. Ich weiß, dass sie es nicht böse gemeint haben, aber im Laufe der Zeit entstand durch ihre Worte in meinem Kopf ein völlig falsches Bild von Gott. Er war für mich dieser mächtige Kerl im Himmel mit dem riesigen Stock in der Hand, den er drohend über meinem Kopf schwang. In meinen Augen wartete er nur darauf, dass ich irgendetwas falsch machte, und weil ich ziemlich viel falsch machte, ging ich die ganze Zeit davon aus, dass er mich bestrafen würde.

Irgendwie hatte ich die Vorstellung, dass er alt und langweilig war, jemand, der nie Spaß haben wollte. Und ganz bestimmt niemand, mit dem ich Zeit verbringen oder sprechen wollte oder der mir Liebe entgegenbringen würde. So wie ich aufwuchs, war das, was David über Gott schrieb, so ungefähr das Letzte, was ich von Gott denken würde: „Du bist gütig und tust den Menschen Gutes."

Kannst du dir vorstellen, wie viele falsche Vorstellungen ich über Bord werfen musste, als ich Jesus kennenlernte? Ich hätte es sicher nie geschafft, so viele Jahre mit ihm unterwegs zu sein und vertrauensvoll an ihm festzuhalten, wenn sich mein Bild von ihm nicht geändert hätte.

Welches Bild hast du von Gott? Wie siehst du ihn? Wenn sich die Umstände in unserem Leben nicht so gut entwickeln, kommen wir manchmal auf den Gedanken, dass Gott sauer auf uns ist oder deprimiert oder mies gelaunt. Aber Gott ist nicht so wie die Menschen, mit denen wir aufgewachsen sind oder mit denen wir zu tun hatten.

In der Bibel heißt es, dass er gütig ist und Gutes tut. Dass er liebevoll und fröhlich ist. Er ist voller Mitgefühl, Güte, Barmherzigkeit und Frieden. Es ist so wichtig, dass wir Gott so sehen, wie er ist, und nicht so, wie die Menschen sind, denn unser Bild von Gott entscheidet darüber, wie wir unser Leben sehen und leben.

Lebst du so, als wäre er gütig und würde dir Gutes tun, oder so, als wäre er ein mächtiger Kerl im Himmel, der nur darauf wartet, dir eins überzuziehen?

Wie wäre es, wenn du ab heute mal darauf achtest, wie Gott in der Bibel beschrieben wird? Und wenn du dann die falschen Bilder, die du möglicherweise von Gott hast, durch die biblischen Beschreibungen ersetzen würdest? Beginne mit Psalm 119,68: Gott ist gütig und tut den Menschen Gutes. So habe ich es jedenfalls gemacht. Es hat lange gedauert – viele Jahre lang –, aber im Laufe dieser Zeit habe ich gelernt, dass Gott keinerlei Ähnlichkeit hat mit dem, was meine Familie mir beigebracht hat. Er ist ganz anders, beinahe in jeder Hinsicht.

Himmlischer Vater, zeig mir durch dein Wort, wer du bist. Hilf mir, dich so zu sehen und kennenzulernen, wie du bist – als jemanden, der gütig ist und Gutes tut. Amen.

45

Zeig ihm, dass du ihm treu bist

Doch damit ich nicht überheblich werde, wurde mir ein Dorn ins Fleisch gegeben, ein Bote des Satans, der mich quält und mich daran hindert, überheblich zu werden. Dreimal habe ich zum Herrn gebetet, dass er mich davon befreie. Jedes Mal sagte er: „Meine Gnade ist alles, was du brauchst. Meine Kraft zeigt sich in deiner Schwäche."
2. Korinther 12,7–9

Mehr als einmal in meinem Leben habe ich Gott darum gebeten, mich von etwas zu befreien, zum Beispiel, als ich meine Krebsdiagnose bekam. Aber nichts geschah. Ich hatte damals vier unterschiedliche gesundheitliche Probleme: einen Tumor an der linken Seite meiner Kehle, Knoten auf den Stimmbändern, eine Kehlkopfentzündung und Schilddrüsenkrebs.

Als ich meinen Befund erhielt, begann ich sofort zu beten. Ich wandte mich an Gott und klammerte mich an die Bibelstellen, die davon sprachen, dass er Menschen heilen will. Ich wollte ein Wunder.

Ich kann es nicht erklären, aber als sie zwei Wochen später meinen Kehlkopf ein zweites Mal untersuchten, um sich die Knoten auf meinen Stimmbändern genauer anzusehen, teilte mein Arzt mir mit: „Ich weiß nicht, was passiert ist, aber die Knoten sind weg." Es war keine Operation erforderlich, um sie zu entfernen.

Trotz dieser erstaunlichen Nachricht änderte sich nichts an den anderen „Baustellen". Warum Gott mir im Hinblick auf meine Knoten ein Wunder schenkte und im Hinblick auf meine Schilddrüse und meine Kehlkopfentzündung nicht, weiß ich nicht. Aber ich hielt vertrauensvoll an Gott fest, marschierte weiter und vertraute ihm von ganzem Herzen.

Ich verließ mich auf das, was Gott zu Paulus sagte, als dieser ihn bat, ihn von dem „Dorn im Fleisch" zu befreien: „Meine Gnade ist alles, was du brauchst." Während im Laufe der nächsten Monate weitere Untersuchungen vorgenommen wurden, musste ich akzeptieren, dass seine Gnade alles war, was ich brauchte. Ich musste auf seine Treue vertrauen, ungeachtet meiner Umstände. Ich musste auf sein Wesen und seinen Charakter vertrauen, vor allem, wenn ich sein Handeln nicht verstand. Ich musste ihm mehr vertrauen als meinen Gefühlen.

Drei Monate später wurde ich operiert und bekam schon kurz darauf die Nachricht, dass alles in Ordnung war. Ich habe nie geglaubt, dass Gott den Krebs verursacht hat, ebenso wenig, wie ich auch glaube, dass Gott Krankheiten schickt. Denn es gibt keine Krankheit im Himmel oder in Gott selbst. Aber aus irgendeinem Grund hat er mich in seiner Souveränität nicht davon befreit. Er ließ zu, dass ich die Krankheit durchmachen musste. Er bewies mir, wie treu er mir ist, und ich zeigte ihm, wie ernst es mir mit ihm ist.

Worum hast du Gott gebeten? Wovon wolltest du befreit werden, aber er hat es nicht getan? Verlass dich auf sein Wesen und auf seinen Charakter. Das ist der Schlüssel dafür, dass du in der Lage bist, vertrauensvoll weiterzumachen. Vertraue darauf, dass seine Gnade alles ist, was du brauchst.

Himmlischer Vater, ich danke dir dafür, dass du mir immer treu bist und dass du mir neue Wege zeigst, wie ich dir treu sein kann. Deine Gnade ist alles, was ich brauche, um mein Leben zu bewältigen. Amen.

46

Wenn das Leben nicht fair ist

Nur der wird leben, der Gottes Willen tut und ihm vertraut.
Habakuk 2,4 (Hoffnung für alle)

Habakuk lebte in Juda, wo unmoralisches Verhalten, Götzendienst, Materialismus und Habgier an der Tagesordnung waren. Darum wandte er sich eindringlich an Gott – er hielt ihm vor, wie schlimm die Dinge standen, und fragte ihn, wie es weitergehen sollte.

Gottes Antwort war anders, als Habakuk erwartet oder sich gewünscht hatte. Gott gab ihm zu verstehen, dass ein noch übleres Volk – wie sich dann herausstellte, handelte es sich dabei um die Babylonier – Juda erobern und beherrschen würde.

Wie du dir vorstellen kannst, sagte Habakuk in etwa das, was auch wir sagen würden: „Kann ja wohl nicht sein?! Das ist nicht fair!"

Das weitere Gespräch zwischen Gott und Habakuk füllt die drei Kapitel dieses sehr kurzen biblischen Buches. Habakuk ringt mit Gott und kommt zu sehr tiefgründigen Schlussfolgerungen, unter anderem der, die mehrere Male im Neuen Testament wiederholt wird: „Nur der wird leben, der Gottes Willen tut und ihm vertraut."

Mir geht es ähnlich wie Habakuk: Auch ich verstehe nicht alles, was in dieser Welt geschieht. Guten Menschen passieren schlimme Dinge. Vieles dauert so viel länger, als es das sollte. Jeden Tag stolpere ich über irgendwas, das ich ungerecht und unfair finde. Aber ich habe gelernt, trotzdem mit Gott im Gespräch zu bleiben. Ich rede weiter mit ihm, bis ich zu derselben Schlussfolgerung wie Habakuk gelange. Wie Paulus. Und wie der Verfasser des

Hebräerbriefes.[19] „Nur der wird leben, der Gottes Willen tut und ihm vertraut."

Ich habe sowieso keine Kontrolle über irgendetwas und du auch nicht. Als Gott Habakuk schließlich versprach, dass er sich um die Babylonier „kümmern" würde, tat er das auch – siebzig Jahre später. Ich habe noch nie so lange auf Gottes Eingreifen gewartet. Ich war noch nie gezwungen, so lange vertrauensvoll an Gott festzuhalten. Ich kann mir noch nicht einmal vorstellen, wie sich das anfühlen würde. Aber ich bin entschlossen, so zu leben, als wüsste ich es.

Ich habe eines herausgefunden: Wenn wir Gott vertrauen, hilft uns das, innerlich zu reifen und die Kraft zu entwickeln, die wir brauchen, um die Absichten und Ziele, die Gott für unser Leben hat, zu verwirklichen. Wenn wir darauf beharren, zu sagen und zu glauben, dass das, was wir sehen, fühlen und erfahren, unfair ist, werden wir unsere Bestimmung nicht erfüllen. Jedenfalls nicht so, wie Gott es für uns vorgesehen hat.

Darum lass uns ihm vertrauen, gerade dann, wenn nichts in unserer Welt Sinn ergibt. Lass uns darauf vertrauen, dass er uns dorthin bringt, wo wir hinkommen müssen – mental, geistlich, emotional und körperlich. Lass uns diejenigen sein, die Gottes Willen tun und ihm vertrauen.

Himmlischer Vater, du weißt, was ich alles unfair finde.
Du weißt, was ich nicht verstehe. Aber ich will dir vertrauen
und an dir festhalten, auch wenn das Leben unfair ist und
ich manches nicht verstehe. Amen.

47

Pass gut auf!

Deshalb müssen wir sorgfältig auf das achten, was wir gehört haben, damit wir das Ziel nicht verfehlen.
Hebräer 2,1

Pass auf! Solche und ähnliche Warnungen habe ich während meiner Kindheit immer wieder zu hören bekommen. Ich konnte schon Griechisch, bevor ich Englisch gelernt habe, und meine Mutter hat immer Griechisch mit uns gesprochen. Wenn meine Mutter mir und meinen beiden Brüdern etwas wirklich einschärfen wollte, gebrauchte sie dieselben Worte wie der Verfasser des Hebräerbriefes: *perissoterôs prosechein.* Wenn sie diese Worte gebrauchte, gab sie uns zu verstehen, dass wir vorsichtig sein und *besonders gut aufpassen* sollten. Ihr Ton war drängend, ernst und ermahnend und verlangte unsere komplette Aufmerksamkeit – vor allem, wenn es um etwas ging, das unsere Gesundheit betraf, zum Beispiel, wenn sie uns beibrachte, nach beiden Seiten zu schauen, bevor wir einem Ball nachliefen, der auf die Straße gerollt war. Oder wenn sie wollte, dass wir auf einer Bank sitzen blieben, während sie in einem Geschäft etwas erledigte.

Perissoterôs prosechein!

Sie sagte es, als wir Radfahren lernten, wenn wir in die Schule gingen oder über die Straße rannten, um einen Freund oder eine Freundin zu treffen.

Perissoterôs prosechein!

„Passt besonders gut auf!", sagte meine Mutter.

„Passt besonders gut auf!", sagte der Verfasser des Hebräerbriefes.

Warum sollen wir besonders gut aufpassen? Damit wir das Ziel nicht verfehlen. Es ist, als wüsste der Verfasser: Je länger wir unterwegs sind, desto nachlässiger werden wir. Wir achten nicht mehr so gut auf Gott, sein Wort und sein Handeln. Er wusste: Je mehr wir lernen würden, desto alltäglicher würde uns alles erscheinen – und wir würden die Ehrfurcht davor verlieren, dass Gott uns errettet hat.

Pass gut auf! Damit du das Ziel nicht verfehlst.

Ich persönlich möchte nicht das geringste bisschen von dem verpassen, was Gott für mich geplant hat. Ich möchte aufmerksam sein, auch wenn es einfacher ist, sich ablenken zu lassen. Ich möchte Gott treu sein. Ich möchte alles tun, wozu Gott mich berufen hat. Ich möchte alles sein, wozu er mich erschaffen hat. Ich möchte an jedem Tag meines Lebens am Glauben festhalten, bis ich einmal vor ihm stehe. Ist das nicht auch dein Herzenswunsch?

Es gibt so vieles, was wir in dieser Welt und in unserem eigenen Leben nicht verändern können, aber wir können unseren Fokus ändern. Was auch immer deine Aufmerksamkeit beansprucht – ein Problem am Arbeitsplatz, eine Notlage in deiner Familie, ein Verlust, der dich völlig überraschend getroffen hat, vielleicht ein Stapel Rechnungen, die du nicht bezahlen kannst –, tu angesichts all dieser Dinge, die du nicht ändern kannst, das, was dir möglich ist: Richte deinen Blick neu auf Jesus. Schau auf ihn. Setze dein Vertrauen auf ihn. Sei dem treu, der dir in Ewigkeit treu ist. Wenn wir das tun und dabei im Gebet mit Gott verbunden bleiben, werden wir das Ziel nicht verfehlen.

Vater, ich will heute meinen Blickwinkel verändern. Ich will meine Aufmerksamkeit auf dich richten und mein Vertrauen auf dich setzen. Ich möchte nichts von dem verpassen, was du für mich vorbereitet hast. Amen.

48

Auf dem richtigen Weg

Er gibt mir Kraft. Er zeigt mir den richtigen Weg um seines Namens willen.
Psalm 23,3

Seit ich zum Glauben gekommen bin, ist es mir immer extrem wichtig gewesen, den Willen Gottes für mein Leben zu erkennen und entsprechend zu leben. Ich bin wahrscheinlich so lange eigene Wege gegangen, dass ich seither nur noch den Wunsch habe, wirklich dem Weg zu folgen, den er mir zeigt. Es hat mir immer Sicherheit, Trost und Zuversicht gegeben, wenn ich wusste, dass ich im Einklang mit dem Willen Gottes lebe. Die Dinge laufen vielleicht nicht so, wie ich es geplant oder erwartet hatte – das tun sie ja selten –, aber ich bin sicher: Wenn ich so lebe, wie es Gottes Willen für mich entspricht, darf ich mich darauf verlassen, dass letzten Endes alles gut werden wird. Ich darf auf seine Güte vertrauen. Ich darf auf seine Zusage aus den Psalmen vertrauen: „Er zeigt mir den richtigen Weg."

Hast du Gott in der letzten Zeit mal gefragt, was in einer bestimmten Angelegenheit sein Wille ist? Vielleicht im Hinblick auf eine neue Stelle? Einen Umzug? Oder eine eventuelle Beziehung? Es ist besser, vorher zu fragen, als sich später trennen zu müssen, weil man dann merkt, dass man doch nicht zusammen passt, oder? Ich weiß noch, dass ich ständig im Gespräch mit Gott war, als ich begann, mich mit Nick zu treffen. Zum einen, weil ich unbedingt nach seinen Absichten für mich fragen wollte, zum anderen aber auch, weil ich mir solche Sorgen machte. Wenn ich doch damals schon gewusst hätte, wie ich bei Gott zur Ruhe kommen und ihm bedingungslos vertrauen kann. Damals wollte ich einfach, dass alles perfekt ist, aber so ist das Leben eben nicht, stimmt's? Beziehungen können kompliziert sein – und das gilt auch für unsere Beziehung zu Gott. Als Nick mir einen Heiratsantrag machte, war ich so überwältigt, dass ich entgegnete, ich könne ihm nicht sofort antworten. Stattdessen rannte ich ins Badezimmer. Ja, das habe ich wirklich gemacht. Ich rief meine beste Freundin Kylie an und gestand ihr, dass ich am Durchdrehen war. Rückblickend war das Ganze, glaube ich, vor allem eine Frage der Kontrolle, aber trotzdem ... Ich befand mich an einem wunderschönen Ort, war mit einem Mann zusammen, der mich von ganzem Herzen liebte und mir gerade einen tollen Heiratsantrag gemacht hatte – und alles, was ich tun konnte, war, ins Badezimmer zu rennen und meine beste Freundin anzurufen. Ich hatte solche Angst, alles kaputt zu machen und den Plan zu vermasseln, den Gott für mein Leben hatte. Aber weißt du was? Wenn wir so denken, lähmt uns das nur und hält uns davon ab, unserem Lebensweg mutig zu folgen. Es hält uns davon ab, vertrauensvoll an Gott festzuhalten und an seiner Hand vorwärtszugehen.

Wenn du dich also gerade in einer Situation befindest, in der du dich fragst, ob du im Einklang mit Gottes Willen bist oder nicht, gerate nicht in Panik. Wälz dich nicht schlaflos im Bett. Lass dich nicht geistlich lähmen, und mach keine Vollbremsung, weil du dich davor fürchtest, dass du an seinen Absichten für dich vorbeilebst. Gott ist ein großer Gott. Es ist schwer, im Hinblick auf seine Absichten im Dunkeln herumzutappen. Wenn du ihn von ganzem Herzen suchst, wirst du ihn auch finden. Er hat uns schließlich versprochen, uns um seines Namens willen den richtigen Weg zu zeigen.

Vater, ich danke dir, dass du mir den richtigen Weg zeigen willst. Danke dafür, dass du mir versprochen hast, mich in dieser Hinsicht nicht im Dunkeln zu lassen. Danke, dass du mir so treu bist. Amen.

49

Er ist immer noch da

Mehr noch, ich werde bei dir sein und dich beschützen, wo du auch hingehst. Ich werde dich in dieses Land zurückbringen. Ich werde dich nie im Stich lassen und stehe zu meinen Zusagen, die ich dir gegeben habe.
1. Mose 28,15

Es gibt wenig, das ich mehr genieße, als einen abendlichen Strandspaziergang bei Sonnenuntergang, besonders, wenn Nick mich dabei begleitet. Als wir eines Abends wieder einmal die orangefarbene Glut über dem Ozean in der Nähe unseres Hauses bewunderten, verschwand das wunderbare Panorama von einem Augenblick auf den anderen. Gerade hatten wir noch den herrlichen Blick genossen, als wir plötzlich überhaupt nichts mehr sahen. Nicht die Insel in der Ferne, hinter der die Sonne immer unterging. Nicht die Boote, die davor im Wasser getrieben waren. Noch nicht einmal die Menschen, die ein paar hundert Meter entfernt am Strand entlanggegangen waren.

Während wir den Sonnenuntergang beobachtet hatten, hatte sich etwas gebildet, das wir im Englischen „Marine Layer" nennen – ein Phänomen, das sich recht häufig an der Westküste der Vereinigten Staaten beobachten lässt.[20] Hast du schon mal eines dieser Kultfotos von San Francisco gesehen – die mit der Nebelbank unter der *Golden Gate Bridge*? Das ist ein „Marine Layer", eine Wolkendecke, die die Sicht blockiert.

Während Nick und ich den Sonnenuntergang bewunderten, begann die Nebelbank, allmählich alles zu verschlucken, was in

Sichtweite war. Ohne groß nachzudenken, platzte es aus mir heraus: „Wo ist denn die Insel? Wohin ist sie verschwunden?" Ich werde nie vergessen, wie Nick mir total nüchtern antwortete: „Sie ist genau da, wo sie immer ist. Du kannst sie nur nicht sehen. Es hat sich nichts geändert."

Meine Frage und Nicks Antwort sind für mich zu einem Gleichnis für Gott geworden, das mir seitdem immer in Erinnerung geblieben ist. Haben wir nicht auch oft das Gefühl, dass wir geistlich weiterkommen, dass wir einen freien, offenen Blick auf den vor uns liegenden Weg haben – und dann bildet sich plötzlich eine Wolkendecke und nimmt uns die Sicht? In einem Moment sehen wir in geistlichen Dingen klar, und im nächsten Augenblick sind wir so verwirrt von etwas, das wir nicht haben kommen sehen, dass wir das Gefühl haben, in einer Nebelbank gefangen zu sein.

Wenn das passiert, bedeutet das nicht, dass Gott nicht mehr da ist. Es bedeutet nicht, dass er keine liebevollen Absichten mehr für uns hat oder dass er nicht mehr für uns sorgt. Das Ziel, die Richtung, die Vision, die Berufung, der Auftrag, die er uns gegeben hat – nichts von alldem hat sich verändert. Die Absichten, die er für uns hat, haben sich nicht verändert. Es ist bloß eine Sache passiert: Wir können den Weg nicht mehr so klar sehen. Gerade dann ist es ganz wichtig, dass wir ihm unbeirrt weiter folgen. Dass wir treu bleiben. Dass wir durchhalten. Dass wir uns von unserer zeitweise getrübten Sicht nicht verunsichern lassen.

Hat sich eine Nebelbank über dich gelegt? Das macht überhaupt nichts. Gott ist immer noch da. Er hat versprochen: „Ich werde bei dir sein und dich beschützen, wo du auch hingehst … Ich werde dich nie im Stich lassen und stehe zu meinen Zusagen, die ich dir gegeben habe."

Himmlischer Vater, du führst mich immer weiter – auch durch den Nebel. Ich will darauf vertrauen, dass du mich nie im Stich lassen und alles tun wirst, was du mir versprochen hast. Amen.

50

Gnade und Treue

Herr, deine Gnade ist so weit wie der Himmel
und deine Treue reicht so weit, wie die Wolken ziehen.
Psalm 36,6

Als Dawn und ich mit dem Bergwandern begannen, hatte ich keine Ahnung, worauf ich mich da einließ. Als sie mich dazu einlud, wusste ich nur, dass ich es unbedingt ausprobieren wollte.

Wenn ich am Ende einer Tagestour nach Hause kam, waren meine Beine weich wie Butter. Ich war mir nie ganz sicher, ob ich es nach drinnen schaffen würde. Es gab für mich nichts Schöneres, als ein heißes Bad zu nehmen und meine Beine mit einem Massagegerät zu bearbeiten. Ach, ich hätte die ganze Woche mit dem Massagegerät verbringen können, aber das ist natürlich keine gute Idee. Stattdessen ging ich am nächsten Tag immer walken, meist am Strand entlang, um meine schmerzenden Beine wieder in Gang zu bringen. Mit jeder Bergtour wurde ich stärker und traute mir mehr zu.

Wir waren schon seit etwa einem Jahr miteinander unterwegs, als Dawn mit mir den *Mystic Canyon Trail* hinauf und den *Monroe Truck Trail* hinunter ins kalifornische Glendora wanderte. Dieser Trail gilt als schwierig, da der Höhenunterschied mehr als 750 Meter beträgt. Den Gipfel zu erreichen, war schon an sich ein großer Erfolg. Aber zum ersten Mal erwartete mich oben eine Überraschung.

Als wir auf dem Gipfel eine Verschnaufpause einlegten und die überwältigende Aussicht genossen, wies Dawn mich auf die Gipfel von Cucamonga und Ontario hin. Ich konnte nur darüber staunen, dass ich sie schon alle beide erklettert hatte. Ich erinnerte mich daran, wie schwierig es für mich gewesen war, wie beängstigend und wie ich manchmal das Gefühl gehabt hatte, dass ich nicht mehr auf eigenen Beinen den Berg hinunterkommen würde. Ein Hubschrauber wäre eine gute Idee gewesen. Aber das war nicht passiert. Ich war selbstständig und mit heiler Haut wieder von beiden Bergen heruntergekommen. Ich konnte auch den Saddleback Mountain sehen – den höchsten Berg in Orange County. Den Berg, den ich noch erklimmen musste.

Was für ein toller Ausblick! Auf einen Blick konnte ich sehen, woher ich gekommen war und wohin ich noch gehen musste, und alles, was ich tun konnte, war, Gott für seine Güte und Treue zu danken.

Was hat dir geholfen, das zu tun, von dem du dachtest, dass du nicht die Kraft, den Mut, das Wissen, die Disziplin oder den Glauben dafür hättest? Um durchzuhalten, müssen wir manchmal innehalten und die überwältigenden Panoramen unseres Lebens in uns aufnehmen. Wir müssen uns daran erinnern, dass wir nur durch seine Güte, Macht und Stärke an den Punkt gekommen sind, an dem wir stehen. Lass uns heute innehalten und den Blick darauf lenken, wie weit wir schon gekommen sind, und ihm dann für das danken, was als Nächstes kommt. Es ist überwältigend zu sehen, wie weit seine Güte und seine Treue reichen, und zu begreifen, dass sie weiter reichen und größer sind als jeder Berg, den wir jemals erklimmen könnten.

Vater, danke für alles, was du getan hast, um mich dorthin zu bringen, wo ich jetzt stehe. Und danke für alles, was du in Zukunft noch mit mir vorhast. Deine Gnade und deine Treue sind so groß. Amen.

Teil 3

HOFFNUNG – DER ANKER UNSERER SEELE

Die Berge rufen und ich muss gehen.

John Muir

51

Woran hast du deinen Anker festgemacht?

Diese Zuversicht ist wie ein starker und vertrauenswürdiger Anker für unsere Seele.
Hebräer 6,19

Freundschaften sind mir wichtig. Ich liebe es, Bekanntschaften zu schließen, und gefühlt begegne ich fast nie jemandem, der mir völlig fremd ist. Rückblickend denke ich heute: Einer der Vorteile meiner Angewohnheit, gleich auf andere zuzugehen, ist, dass ich dadurch auf der ganzen Welt viele unterschiedliche Menschen kennengelernt habe. Ich habe viele tolle Freunde gefunden und viele dieser Freundschaften halten schon seit Jahrzehnten. Natürlich gibt es da auch einen Kreis von Personen, die mir besonders nahestehen. Die Menschen, denen ich vertraue und die mich dadurch auch am tiefsten verletzen können.

Vielleicht ist das auch der Grund, warum es mir besonders schwerfiel, über eine Verletzung hinwegzukommen, als mich jemand verraten hat, dem ich vertraut habe. Das kommt nicht allzu oft vor, aber dieser Vorfall hat mich damals tief verletzt. Ich war von dieser Erfahrung noch total erschüttert, als ich einen ehrlichen Blick in mich hineinwarf. Und zu meiner Überraschung musste ich feststellen, dass ich nach und nach meinen seelischen Anker – der für Jesus und nur für Jesus reserviert sein sollte – an dieser Freundschaft festgemacht hatte. Das war eher unbeabsichtigt geschehen, aber irgendwann war ich offensichtlich an einen Punkt gekommen, an dem ich unserer Freundschaft mehr Bedeutung beigemessen hatte als gut war.

Ich bewunderte meine Freundin, ich vertraute ihr und vertraute mich ihr auch an, und als sie mich verletzte, ging eine Lawine aus Angst, Verwirrung und Schmerz über mich hinweg. Ich wusste nicht, wie mir geschah. In einem Winkel meines Herzens hatte ich, ohne es zu merken, den Anker gelichtet. Mir wurde klar: Ich hatte mein Lebensschiff nicht länger an Jesus festgemacht, sondern an unserer Freundschaft.

Hast du schon mal bemerkt, dass du dich primär auf etwas anderes verlassen hast als auf Jesus? Vielleicht, weil du mit einer Reihe von Herausforderungen konfrontiert und davon überfordert warst. Ich habe die Erfahrung gemacht: Wenn Stürme über uns hinwegfegen – vor allem, wenn einer nach dem anderen kommt –, kann sich unser Anker losmachen, ohne dass wir das überhaupt mitkriegen. Es kann passieren, dass wir uns auf etwas völlig anderes verlassen, um uns selbst zu schützen und zu überleben. Das können zum Beispiel andere Personen sein oder Motivationen, Ziele oder berufliche Veränderungen, Geld oder Ansehen, selbst Träume oder Pläne. Es kann buchstäblich alles sein. Einschließlich einer Freundschaft.

Es passiert so schnell und ist manchmal auch so bequem – uns an etwas anderem als an Gott und seinem Wort festzumachen –, aber das führt dann dazu, dass unsere Hoffnung nicht mehr fest bei Jesus verankert ist. Und wenn wir nicht bei ihm verankert sind, werden wir stürmischem Wetter nicht standhalten. Dann wird uns jede Strömung mitreißen und irgendwo hintragen, wo wir nie hinwollten. Lass uns doch heute mal unser Herz prüfen. Lass uns unseren Anker neu bei Jesus festmachen. Lass uns dafür sorgen, dass wir fest bei ihm verankert sind – und in nichts anderem.

Himmlischer Vater, danke, dass du mich darauf aufmerksam machst, wenn ich mein Lebensschiff an etwas anderem festgemacht habe als an dir. Ich will all meine Hoffnung auf dich setzen, den wahren Anker meiner Seele. Amen.

52

Wenn dein Anker dir Halt gibt

Wir wissen, dass wir gerettet sind, doch vieles steht noch aus. Hier können wir nur hoffen. Würden wir aber schon sehen, was wir uns erhoffen, dann müssten wir keine Hoffnung in uns lebendig halten.
Römer 8,24 (Willkommen daheim)

Als Nick und ich einmal in einer unserer kleinen, kristallklaren Lieblingslagunen vor Santorini segelten – wir hatten auf der Insel auch unsere Flitterwochen verbracht –, bat er mich, den Anker auszuwerfen. Kein Problem. Anschließend beschloss ich, die Augen zu schließen, ein Schläfchen zu halten und mich in der Sonne zu entspannen. Nick hingegen wollte fischen. Dummerweise wurde ich kurz darauf von einem beißend kalten Wind aus meinem wohlverdienten Schläfchen gerissen und sah mich von stürmischen Wellen und schlammigem, aufgewühltem Wasser umgeben.

Zu meinem Entsetzen waren wir in die Fahrrinnen hineingetrieben, durch die die riesigen Frachtschiffe fuhren. Und zu allem Überfluss braute sich in der Ferne auch ein Sturm zusammen, der direkt auf uns zukam. Nick war schon dabei, seine Ausrüstung zu verstauen, und fragte mich, ob ich wirklich den Anker ausgeworfen hatte.

„Ja, natürlich", antwortete ich.

„Aber hast du genug Ankerkette geworfen und geprüft, ob der Anker auch gefasst hat?", fragte er weiter.

„Habe ich was? Wovon redest du denn? Du hast mich gebeten, den Anker auszuwerfen, und genau das habe ich auch gemacht."

„Chris, wenn du nicht sicherstellst, dass der Anker auch gefasst hat – also irgendwo festgehalten wird –, sind wir nicht wirklich verankert."

Hast du dich auch schon mal darüber gewundert, in was für Gespräche man zu den ungünstigsten Momenten mit den Menschen verwickelt wird, die man am meisten liebt?

Nick kämpfte stundenlang gegen Wind und Wellen an, aber irgendwann – es war längst dunkel geworden – legten wir wieder im Jachthafen an. Wir waren mit heiler Haut davongekommen, aber ich habe an jenem Tag weitaus mehr gelernt als nur, wie man ein Boot richtig verankert: Ich lernte etwas über Jesus, unseren Retter, von dem der Verfasser des Hebräerbriefes schreibt, dass das auf ihn gesetzte Vertrauen der starke und vertrauenswürdige Anker unserer Seele ist.[21] Nur wenn wir fest mit Jesus verbunden sind, kann er an die Arbeit gehen und sein Werk tun. Es ist genau so, wie Paulus geschrieben hat: „Würden wir aber schon sehen, was wir uns erhoffen, dann müssten wir keine Hoffnung in uns lebendig halten."

Ebenso wenig, wie wir einen Anker sehen können, der weit unter der Wasseroberfläche am Meeresgrund festgemacht ist, können wir auch unsere Hoffnung sehen. Aber unsere Hoffnung in Person – Jesus Christus – wirkt dann am besten zu unseren Gunsten, wenn wir ihm einfach vertrauen.

Denk doch angesichts deines derzeitigen Lebens einmal darüber nach. Hast du das Gefühl, dass dein Lebensschiff gerade hin und her geworfen wird? Hast du das Gefühl, dass es abgetrieben wird? Dann kontrolliere deinen Anker. Wenn wir unseren Anker richtig auswerfen und sicher an Gott festmachen, haben wir zu Beginn vielleicht keine Ahnung, wie gut er funktioniert, vor allem dann nicht, wenn die „See" ruhig ist. Aber wenn Stürme aufkommen und die Wellen sich aufzutürmen beginnen, werden wir die Gewissheit haben, dass unser „Anker" genau das tut, was Jesus uns versprochen hat. Wenn wir unsere Hoffnung auf Jesus setzen, haben wir Halt. Wir sind unerschütterlich. Fest gegründet. Selbst angesichts der stürmischsten See und der schlimmsten Stürme.

Himmlischer Vater, ich will meinen Anker neu auswerfen und dir vertrauen. Ich setze meine Hoffnung auf dich, damit ich jederzeit Halt habe, unerschütterlich und fest gegründet bin. So kann mich nichts aus der Bahn werfen. Amen.

53

Leb wie ein Gefangener

Kehrt zurück zur festen Stadt, ihr Gefangenen voll Hoffnung!
Ja, heute verkünde ich: Die doppelte Zahl führe ich zu dir zurück.
Sacharja 9,12 (Einheitsübersetzung)

Siebzig Jahre lang befanden sich die Israeliten in babylonischer Gefangenschaft, während der Feind ihr Heimatland ausgebeutet und verwüstet. Als sie endlich nach Hause zurückkehren konnten, lag dort alles in Schutt und Asche. Selbst Jerusalem und der Tempel mussten neu errichtet werden. Doch trotz oder gerade wegen ihrer Verzweiflung versprach Gott ihnen durch diese Verheißung eine hoffnungsvolle Zukunft.

Gott wusste, wie das Volk die tiefe Verzweiflung – in der auch wir uns manchmal befinden – würde hinter sich lassen können: indem sie zu „Gefangenen voll Hoffnung" wurden, wie es in der Einheitsübersetzung heißt.[22] So würde es für sie weitergehen. So würden sie an ihrem Glauben festhalten.

Wie können wir heute zu solchen Menschen werden – „Menschen voll Hoffnung"? Und was in aller Welt bedeutet das überhaupt? Sind Gefangene nicht per se Menschen, die in Gefängnissen eingesperrt und vieler Freiheiten beraubt sind? Warum sollten wir Gefangene sein wollen – und sei es auch „Gefangene voll Hoffnung"?

Weil „Gefangene voll Hoffnung" anders sind. „Gefangene", die ihre Hoffnung auf Gott setzen, werden nicht in Straflager eingesperrt – sie sind eingeladen in eine Stadt, die Sicherheit bietet.

Stell dir einfach eine Burg vor, die Schutz bietet und unerschütterlich ist, selbst wenn die Fundamente unseres Lebens wegbrechen.

Einen für uns erschaffenen Ort, an dem wir unser Leben an der Verheißung festmachen können, dass Gott letztendlich für uns alle Dinge zum Guten dienen lässt, selbst wenn alles auseinanderzubrechen droht.[23] Vom Hauptturm dieser Festung aus können wir „Gefangenen voll Hoffnung" eine ganz neue Aussicht genießen. Wir können über die Umstände, in denen wir uns gerade befinden, hinausblicken in die Zukunft und darauf vertrauen, dass Gott dort Gutes für uns bereithält.

Als ich zu lernen begann, auf diese Weise zu denken und zu leben, war das für mich revolutionär. Ich war in einer religiösen Tradition aufgewachsen, die nicht ermutigte, Gutes von Gott zu erwarten. Schon der bloße Gedanke, dass Gott, der ja die ganze Welt regieren muss, Zeit für meine Bitten hätte, galt als anmaßend. Ich bin so froh, dass ich erkannt habe: Trotz der Schmerzen und der Schwierigkeiten, die ich durchgemacht habe, ist Gott immer noch gut, und er hat immer noch gute Absichten für mich. Er möchte, dass ich Hoffnung habe, zu hoffen wage, große Hoffnungen für die Zukunft hege – selbst dann, wenn sie sich gerade wieder mal zerschlagen haben. Er wünscht sich das so sehr für mich, dass er mich eine „Gefangene voll Hoffnung" nennt.

Hast du den Mut, auch ein Gefangener oder eine Gefangene der Hoffnung zu sein? Ich weiß, dass das unglaublich schwer sein kann. Das Leben kann unvorstellbare Schmerzen und entsetzliche Verluste mit sich bringen, und doch lässt Gott uns eine liebevolle, wenn auch herausfordernde Einladung zukommen, die von einem wundervollen Versprechen begleitet wird: „Kehrt heim, ihr Gefangenen! Ihr habt nicht vergeblich gehofft. Ihr werdet für das, was ihr erlitten habt, doppelt entschädigt!"

Vater, hilf mir, den Mut aufzubringen, neue Hoffnung zu schöpfen. Auch angesichts von Verlusten, Enttäuschungen und Angst will ich wieder zu hoffen wagen. Ich will ein Gefangener der Hoffnung sein. Amen.

54

Es gibt noch Hoffnung

Ich bin ganz sicher, dass Gott, der sein gutes Werk in euch angefangen hat, damit weitermachen und es vollenden wird bis zu dem Tag, an dem Christus Jesus wiederkommt.
Philipper 1,6

Als ich mein Leben Jesus Christus anvertraut habe, hat es sich nicht sofort komplett verändert. Ich wünschte, es wäre so gewesen – aber so funktioniert das einfach nicht, wenn man ein Jesus-Nachfolger werden will. Es hat Jahre gedauert, Jahre, in denen ich immer wieder versucht habe, Gott alle Bereiche meines Lebens anzuvertrauen, und Gott liebevoll versucht hat, mich zu verändern. Ich hatte Ecken und Kanten, die abgeschliffen werden mussten. Das betraf alle Bereiche meines Lebens – das, was ich sagte, was ich dachte und tat. Eigentlich bin ich bis zum heutigen Tag eine wandelnde Baustelle. Denn Gott ist immer noch in mir am Werk.

Aber als ich in meinen Zwanzigern war und die ersten Schritte als junge Leiterin tat, setzte ich das, was ich über Gott und sein Wort lernte, in meinem Leben um und begann so, stetig zu wachsen. Ich entwickelte mich weiter, aber ich machte nicht immer alles richtig. Es gab Zeiten, in denen ich unabsichtlich Dinge sagte und tat, die andere verletzten – meine Familie, meine Kollegen und meine Freundinnen. Ich hörte jedoch nicht auf, an diesen Punkten zu arbeiten, und tat mein Bestes, um zu einer reiferen Christin zu werden.

Es gab viele Momente, in denen ich beinahe aufgegeben hätte. Ich weiß noch, wie ich eines meiner ersten Teams leitete und sie zu sehr antrieb. Ich habe mich damals völlig verausgabt und ging davon aus, dass sie dasselbe tun sollten. Ein Mitglied meines Teams hatte den Mut, zu mir zu kommen und den Missstand anzusprechen. Ich weiß noch, dass ich völlig erschrocken war. Verletzt. Beschämt. Aber nachdem ich erst mal drüber nachgedacht hatte, war ich ehrlich gesagt dankbar. Es war ja nichts, das sich nicht ändern ließ. Es tat nur weh, sich das anzuhören.

Durch diese Erfahrung durfte ich eine wichtige Entdeckung machen: Gott ist ein Gott der Wiederherstellung und des Neuanfangs. Es ist in Ordnung, Fehler zu machen. Wenn uns nicht gefällt, wo wir geistlich oder menschlich gesehen im Moment stehen, brauchen wir uns nicht damit abzufinden.

Bei Gott gibt es immer Hoffnung – Hoffnung, dass wir uns verändern und wachsen können –, weil Jesus das gute Werk, das er in uns angefangen hat, vollenden wird. Es ist ein Prozess. Wenn man uns auf unsere Unzulänglichkeiten aufmerksam macht, müssen wir nicht gleich die Segel streichen. Wir können die Dinge in Ordnung bringen, die in unserer Macht liegen, und darauf vertrauen, dass Gott weiterhin an uns arbeitet und durch uns wirkt.

Hast du es vermasselt? Bist du bereit, dich weiterzuentwickeln? Dann bleib dran, indem du deine Hoffnung neu auf Gott setzt. Wenn wir das Risiko eingehen und weiterhoffen, ist Veränderung möglich. Wir lernen, in der Gegenwart zu leben und dabei die Zukunft im Blick zu haben. Wir verschieben unseren Fokus auf die Zukunft. Wir werden Menschen voller Hoffnung, die bereit sind, sich von Gott mit einer neuen Zukunft überraschen zu lassen. Einer Zukunft, in der er vollendet, was er in uns angefangen hat.

Himmlischer Vater, ich danke dir dafür, dass du versprochen hast, das zu Ende zu bringen, was du in mir angefangen hast. Hilf mir, mich weiterzuentwickeln, zu wachsen und zu reifen. Bitte arbeite weiter an mir. Amen.

55

Steig in die nächste Bahn ein

Israel, hoffe auf den Herrn! Denn der Herr ist gnädig und sein Erbarmen ist groß.
Psalm 130,7

Als unsere Mädchen noch klein waren, schenkte jemand uns Australiern eine Reise nach *Disneyland*. Wir waren unglaublich aufgeregt. Meine Mädchen waren begeistert von dem Gedanken, endlich mal Micky und Minnie zu treffen, aber insgeheim freute *ich* mich am meisten auf all die Fahrgeschäfte! Sophia und ich fuhren mit einer Attraktion nach der nächsten und stiegen schließlich in die Gondelbahn *Peter Pan's Flight* ein, total gespannt darauf, Neverland zu sehen. Aber schon kurz nach dem Start wurde unserem Traum ein jähes Ende gesetzt. Die Bahn war kaputtgegangen und die Notbeleuchtung ging an. Statt all das zu sehen, was wir erwartet hatten – den Kampf der verlorenen Jungs gegen Capitain Hook, die Feen und das tickende Krokodil –, bekamen wir Dinge zu sehen, die wir eigentlich nicht sehen sollten. Ich war total enttäuscht. Meine Feenstaub-Träume waren geplatzt, und zwar so offensichtlich, dass Sophia mich ansah und meinte: „Ist schon okay, Mummy. So was kommt vor. Können wir jetzt mit der Alice-im-Wunderland-Bahn fahren?"

Ich kann verstehen, wenn du über mich lachst. Selbst jetzt, da ich das hier aufschreibe, kommt es mir lächerlich vor, aber ich war wirklich richtig enttäuscht. Als ich wie betäubt aus der Gondelbahn stieg, begann sich meine freudige Erwartung Stück für Stück in Luft aufzulösen. Und *Disneyland* besaß für mich in ziemlich wörtlichem Sinne nicht mehr die Magie, die es einmal besessen hatte.

Ich weiß, meine Geschichte ist albern, aber weniger albern ist die Lebenslektion, die ich dadurch von Sophia gelernt habe. Wir machten beide dieselbe Erfahrung, haben aber völlig unterschiedlich darauf reagiert und befanden uns dadurch hinterher in ganz unterschiedlicher Verfassung. Ich war wie gelähmt, Sophia nicht. Ich konnte überhaupt nicht damit umgehen, Sophia schon. Sie hatte sich sofort wieder aufgerappelt.

Ja, ich weiß, die wahren Enttäuschungen des Lebens sind viel gravierender und viel ernüchternder. Ich weiß auch nicht, warum wir so schlimmen Kummer durchmachen müssen. Trotzdem kann ich aus eigener Erfahrung sagen: Wenn wir unsere Aufgaben hier auf der Erde wahrnehmen wollen, wenn wir die Hoffnung nicht verlieren und unseren Auftrag erfüllen wollen, müssen wir akzeptieren, dass dabei mal das eine oder andere schiefgeht.

Die Fahrt kann ein jähes Ende finden.

Vielleicht wird es Zeiten geben, in denen uns nur noch eine schwache Notbeleuchtung den Weg durch eine dunkle Zeit weist.

Aber wir sollten uns davon nicht lähmen lassen. Wenn wir durchhalten und unserem Weg weiter folgen wollen, müssen wir lernen, mit Enttäuschungen umzugehen, damit wir hoffnungsvoll in die nächste Bahn einsteigen. Sonst verpassen wir das große Abenteuer, das Gott für uns bereithält.

Fühlst du dich gerade irgendwie gelähmt? Möchtest du aus dieser Situation „aussteigen"? Dann hab den Mut, deine Hoffnungen, deine Träume und dein Vertrauen neu an Gott festzumachen. Wenn du genau das tust, verspricht er dir Liebe, Treue und einen Neuanfang in Hülle und Fülle.

Vater, ich möchte meine innere Lähmung überwinden,
deshalb setze ich heute meine Hoffnung ganz neu auf dich.
Ich will dir vertrauen. Amen.

56

Halte deinen Glauben lebendig

Angenommen, jemand sieht einen Bruder oder eine Schwester um Nahrung oder Kleidung bitten und sagt: „Lass es dir gut gehen, Gott segne dich, halte dich warm und iss dich satt“, ohne ihnen zu essen oder etwas anzuziehen zu geben. Was nützt ihnen das? Es reicht nicht, nur Glauben zu haben. Ein Glaube, der nicht zu guten Taten führt, ist kein Glaube – er ist tot und wertlos.
Jakobus 2,15–17

Ich werde nie vergessen, wie Sophia mir mal als kleines Mädchen in einer belebten Straße abhandengekommen ist. Während wir von A nach B eilten, um irgendwelche Besorgungen zu machen, lag ihre Hand immer in meiner. Doch plötzlich war sie weg. Wenn du schon mal erlebt hast, wie das ist, wenn dein Kind immer an deiner Seite ist, du dann aber plötzlich merkst, dass es sich selbstständig gemacht hat, dann weißt du, wie groß meine Angst in dieser Situation war.

Als ich panisch auf die letzten Meter zurückschaute und in der Menge verzweifelt nach ihrem Gesichtchen Ausschau hielt, entdeckte ich sie, wie sie vor einem Obdachlosen kniete. Sie reichte ihm den Dollarschein, den ich ihr am Morgen gegeben hatte. In jedem Geschäft, das wir bisher betreten hatten, hatte sie unschlüssig hin- und herüberlegt, wofür sie ihn ausgeben sollte. Für ein Schmuckstück? Eine Süßigkeit? Ein Spielzeug? Und da hockte sie nun und gab ihn diesem Mann.

Als ich sie erreichte, hörte ich sie noch sagen: „Jesus hat mir diesen Dollar gegeben, damit ich ihn dir gebe.“

Dann sah ich, wie der Mann ihn ihr zurückgab und sagte: „Kauf dir selbst was Süßes dafür, Kleines." Tränen liefen ihm übers Gesicht.

Unterschiedlichste Gefühle überrollten mich in diesem Moment. Ich war unglaublich erleichtert, dass ich sie gefunden hatte, und tief bewegt, die Güte Gottes in ihr zu sehen. Ich war dankbar, dass sie für die Not eines Menschen, der um Hilfe bat, nicht blind war. Ich hatte mir immer gewünscht, dass meine Mädchen mit offenen Augen durch die Welt gingen, die Menschen wirklich wahrnahmen und sich von ihren Problemen anrühren ließen. Und ich wollte, dass sie begriffen, dass sich unser Glaube in unserem Handeln zeigen muss. Es war ein wunderbares Gefühl, als mir klar wurde, dass meine Kinder etwas so Wichtiges verstanden hatten.

Wir sind die Hände und Füße von Jesus für unsere Welt. Es passiert etwas in unserem Herzen, wenn wir unseren Glauben in die Tat umsetzen – sei es, indem wir einfach den nächsten Schritt tun, zu dem wir uns von Gott geführt fühlen, oder indem wir auf schwache, verletzliche Menschen zugehen und etwas unternehmen, um ihnen zu helfen.

Lass uns so großzügig sein, wie Sophia es an jenem Tag war. Lass uns die- oder denjenigen sehen, die vielleicht sonst niemand wahrnimmt. Lass uns bewusst darauf achten, unseren Glauben in die Tat umzusetzen. Um jemandem zu helfen. Um jemanden zu berühren. Um jemanden zu ermutigen. Um unseren Glauben lebendig zu halten.

Lieber Vater, bitte zeig mir heute, wem ich etwas Gutes tun kann, damit seine Welt ein bisschen heller wird. Zeig mir, wie ich meinen Glauben lebendig halten kann, indem ich die Werke tue, zu denen du mich berufen hast. Amen.

57

Er ist mit dir!

„Hab keine Angst und verliere nicht den Mut, denn der Herr selbst wird vor dir hergehen. Er wird bei dir sein. Er wird sich nicht von dir zurückziehen und dich nicht im Stich lassen!" Mose schrieb dieses Gesetz nieder und übergab es den Priestern, den Nachkommen Levis, welche die Bundeslade des Herrn trugen, und den führenden Männern Israels.
5. Mose 31,8–9

Vierzig Jahre lang lebten die Israeliten in der Wüste. Als ich mit meinen Mädchen einen Ausflug zum Joshua-Tree-Nationalpark in Kalifornien machte, musste ich an die Israeliten denken, denn mehr als zwei Drittel des Parks bestehen aus Wüste. Mehr als 200 000 Hektar gehören teils zur Colorado- und teils zur Mojave-Wüste und sind mit Josua-Palmlilien und Gestrüpp bewachsen. Während ich darauf achtete, dass wir jede Infotafel lasen und uns gründlich im Besucherzentrum umsahen – ja, ich bin so eine Mutter! –, versuchte ich mir vorzustellen, wie es wäre, mein halbes Leben unter solch trockenen Bedingungen zu verbringen, mir meinen Weg an Kakteen vorbeikämpfen und mein Zelt im Sand aufschlagen zu müssen. Ich bin wirklich eine richtige Outdoor-Fanatikerin, aber ich weiß nicht, ob ich besonders glücklich darüber gewesen wäre, vierzig Jahre lang von einem Campingplatz zum nächsten zu ziehen.

Da ist es tröstlich, sich bewusst zu machen, dass die Israeliten bei ihren Wüstenabenteuern nie allein waren. Der heutige Bibelvers macht deutlich: Als Mose den Führungsstab an Josua übergab, hatten sie noch die Bundeslade. Diese war damals der Ort, an dem Gott gegenwärtig war. Die Priester hatten sie seit ihrer Erbauung – also direkt nachdem Gott Mose die Zehn Gebote gegeben hatte – den ganzen Weg durch die Wüste getragen. Sie war bis zu dem Augenblick, in dem Josua sich darauf vorbereitete, das Volk durch den Jordan ins verheißene Land zu führen, ständig bei ihnen gewesen.

Als Jesus auf diese Welt kam, ebnete er Gottes Heiligem Geist den Weg, in uns zu leben; darum war die Bundeslade nicht länger der Ort, an dem Gott gegenwärtig war. Das bedeutet: Ebenso wie die Israeliten ihren Weg nie allein bewältigen mussten, so müssen auch wir niemals allein unseren Weg finden. Wenn wir unser Leben Jesus anvertraut haben, lebt sein Heiliger Geist in uns und ist immer bei uns. Ist es nicht tröstlich, sich bewusst zu machen, dass er in jeder Wüste, die wir durchqueren müssen, bei uns ist?

Wenn du aus Furcht oder Entmutigung gerade Zweifel hast, dann denk daran, dass Gott dir ganz nah ist. Er wird sich nicht von dir zurückziehen und dich auch nicht im Stich lassen – ganz so, wie er es damals schon dem Volk Israel versprochen hat. Folge einfach mutig weiter deinem Weg, dann wirst du sehen, wie er dich durch die Wüste hindurch in dein verheißenes Land bringt.

Himmlischer Vater, ich danke dir, dass du bei mir bist und mich nie im Stich lassen wirst. Deine Gegenwart schenkt mir Mut. Amen.

58

Erkenne Jesus

Am gleichen Tag waren zwei Jünger von Jesus unterwegs nach Emmaus ... Auf dem Weg sprachen sie über alles, was geschehen war. Plötzlich kam Jesus selbst, schloss sich ihnen an und ging mit ihnen. Aber sie wussten nicht, wer er war, weil Gott verhinderte, dass sie ihn erkannten.
Lukas 24,13–16

Die Jünger, die Jesus treu nachgefolgt waren, hatten sich auf eine hoffnungsvolle Zukunft gefreut. Aber als er gekreuzigt wurde und die Dinge sich nicht so entwickelten, wie sie erwartet hatten, brach ihre Welt zusammen. Zwei von ihnen machten sich desillusioniert auf den Heimweg nach Emmaus. Trotz all dem, was man sich in Jerusalem erzählte, glaubten sie nicht, dass Jesus noch lebte. Oder wieder lebte. Nicht einmal dann, als er zu ihnen stieß und sie begleitete. Sie waren so mit Enttäuschung erfüllt, dass sie ihn nicht erkannten.

Warst du auch schon mal an so einem Punkt? Warst du schon mal so enttäuscht – konntest an nichts anderes denken als an das, was dir Sorgen bereitet –, dass du Gott selbst dann nicht erkannt hättest, wenn er neben dir hergegangen wäre und angefangen hätte, sich mit dir zu unterhalten? Mir ist das ganz bestimmt schon passiert.

Wenn wir – in übertragenem Sinne – den Weg der Jünger nach Emmaus Schritt für Schritt nachvollziehen würden, würde uns bewusst werden, dass wir oft genau dasselbe erleben: Wir machen erst mal Phasen der Mutlosigkeit und Enttäuschung durch, bevor wir wieder neue Hoffnung schöpfen können. Als Jesus das Gespräch mit ihnen suchte, waren sie so desillusioniert, dass sie seine Stimme nicht erkannten.[24] Bei mir war es oft so, dass ich mich erst mit meiner Enttäuschung auseinandersetzen und lernen musste, die Dinge aus Gottes Perspektive zu sehen, bevor ich mein „Gehör" – und meine Hoffnung – wiederfand.

Vielleicht waren die Jünger auch so traurig, dass sie nicht einmal den Blick hoben und genau hinschauten, als ein fremder Mann zu ihnen stieß. Ähnliches gilt für uns: Wenn wir den Blick nur auf unsere Sorgen richten und nicht auf ihn, können wir nicht sehen, was er uns zeigen möchte.

Während sie weitergingen und sich unterhielten, schlossen sie von einer Bemerkung, dass ihr Begleiter noch nichts von den deprimierenden Ereignissen gehört hatte.[25] Auf Nachfrage antwortete Jesus ihnen dadurch, dass er ihnen die Bibel auslegte.[26] Jesus war mit den Verheißungen Gottes vertraut und erklärte ihnen, dass diese auf eine Weise erfüllt werden würden, die die Welt verändern würde. Er erzählte ihnen, dass ein neues Königreich anbrechen würde. Jesus wusste, woran wir uns erinnern müssen: Es ist das Wort Gottes, das uns eine neue Perspektive schenkt und unsere Enttäuschung in Hoffnung verwandelt.

Schließlich, am Ende ihrer Reise, luden die Jünger Jesus zu einer Mahlzeit ein. Und erst als Jesus das Brot brach, wie er es schon so viele Male zuvor getan hatte, wurden ihnen die Augen geöffnet. Sie erkannten ihn und wurden von neuer Hoffnung erfüllt.[27]

Ich möchte dich heute daran erinnern, dass Jesus in deiner Enttäuschung und deiner Verzweiflung bei dir ist. Er hat dich nicht verlassen. Er hat dich nicht vergessen. Hab den Mut, den Blick zu heben. Dann wirst du ihn wieder sehen können und von neuer Hoffnung erfüllt.

Vater, du bist der Gott, der Hoffnung schenkt. Ich will deine Stimme hören. Ich will meinen Blick heben, um dich zu sehen. Danke, dass du mir neue Hoffnung schenkst und mir hilfst, trotz allem nicht aufzugeben.

59

Sei dir seiner Gegenwart bewusst

„Was waren das für Ereignisse?", fragte Jesus. „Das, was mit Jesus von Nazareth geschehen ist", sagten [die beiden Jünger]. *„Er war ein Prophet, der vor Gott und dem ganzen Volk erstaunliche Wunder tat und mit großer Vollmacht lehrte. Doch unsere obersten Priester und die anderen Ältesten haben ihn verhaftet, den Römern ausgeliefert und zum Tod verurteilen lassen, und er wurde gekreuzigt. Wir hatten gehofft, er sei der Christus, der Israel retten und erlösen wird. Das alles geschah vor drei Tagen."*
Lukas 24,19–21

Als die beiden Jünger nach der Auferstehung auf dem Rückweg nach Emmaus waren und Jesus sich ihnen anschloss, erkannten sie gar nicht, dass *Jesus* neben ihnen herging. Sie unterhielten sich über all das, was geschehen war, als Jesus wissen wollte, worüber sie da sprachen. Ich finde das unheimlich witzig. Jesus musste ja wissen, worüber sie da nachdachten, schließlich ist er Gott. Trotzdem fragte er nach.

Kleopas, einer der beiden, antwortete mit einer Gegenfrage, die sinngemäß lautete: „Im Ernst? Wo lebst du denn? Du musst der Einzige sein, der nicht mitbekommen hat, was passiert ist!"

Doch es wird sogar noch besser. Jesus hakte jetzt nämlich nach: „Was ist denn passiert?"

Die Jünger erkannten immer noch nicht, dass da gerade Jesus mit ihnen sprach – derjenige, wegen dem sie so niedergeschlagen und verzweifelt waren –, und sie entgegneten: „Wir hatten gehofft …" In einer anderen Übersetzung heißt es an dieser Stelle: „Und wir hatten doch unsere ganze Hoffnung darauf gesetzt …“ [28]

Was für ein vielsagender Satz. Gibt es in deinem Leben etwas, das sich anders entwickelt hat, als du gehofft hattest? Hattest du dir von einer persönlichen oder geschäftlichen Beziehung mehr erhofft? Hattest du einen bestimmten medizinischen Befund erhofft? Hattest du gehofft, dass sich dir eine neue Möglichkeit auftun würde?

Wie die Jünger sich damals gefühlt haben, unterscheidet sich sicher nicht so viel von unseren Gefühlen. Wie oft hegen wir große Hoffnungen und Erwartungen in Bezug auf bestimmte Dinge, und dann geht es schief. Wir könnten alle unsere persönliche Version von „Und wir hatten doch unsere ganze Hoffnung darauf gesetzt …“ erzählen, oder?

Komm heute mit deinem „Ich hatte gehofft“ zu Jesus. Es gibt einen zentralen Faktor, der uns hilft, jede Enttäuschung zu überwinden und an unserem Glauben festzuhalten: Wir dürfen erkennen, dass Gott in unserer Enttäuschung, unserer Verletzung, dem Gefühl des Verrats und unserer Niedergeschlagenheit bei uns ist. Gerade hier und gerade jetzt.

Ob du es merkst oder nicht: Er geht direkt neben dir her, gerade da, wo du jetzt bist – in guten und in schlechten Zeiten. Auf schwierigen und auf leichten Wegen. Bergauf und bergab. Er ist hier, direkt bei dir. Mit anderen Worten: Wir dürfen ganz sicher sein, dass Gott allgegenwärtig ist, und wo immer wir sind, ist er bei uns. Nimm dir einen Moment Zeit und richte deinen Blick auf ihn. Mach dir bewusst, dass er da ist, und du wirst merken, dass du neuen Mut bekommst.

Jesus, hilf mir, dich zu sehen, zu hören und deine Gegenwart zu spüren. Danke, dass du in jedem Moment meines Lebens bei mir bist. Amen.

60

Schöpfe neue Hoffnung

Deshalb bete ich, dass Gott, der euch Hoffnung gibt, euch in eurem Glauben mit Freude und Frieden erfüllt, sodass eure Hoffnung immer größer wird durch die Kraft des Heiligen Geistes.
Römer 15,13

Als ich Anfang zwanzig war, schrieb ich mich an der örtlichen Bibelschule ein – vor allem deshalb, weil alles, was mit dem Thema „Nachfolge" zu tun hatte, für mich so neu war. Ein Teil der Ausbildung bestand darin, dass ich in der Kapelle sprach, und zwar im Rahmen eines Mini-Gottesdienstes, in dem die Studenten abwechselnd kurze Botschaften aus der Bibel weitergaben.

Als ich an der Reihe war, war ich so aufgeregt, dass ich mich bis heute nicht daran erinnern kann, was ich gesagt habe. Aber an eines erinnere ich mich noch sehr gut: dass hinterher jemand zu mir gesagt hat, es sei offensichtlich, dass ich nicht die Gabe besäße, vor Menschen zu sprechen, und dass es sehr unwahrscheinlich sei, dass mich jemals irgendjemand dazu einladen würde, auf einer Veranstaltung zu sprechen.

Wie du dir sicher lebhaft vorstellen kannst, war ich am Boden zerstört. Wenn ich bis zu dem Zeitpunkt noch die Hoffnung gehegt hätte, auch nur einen Menschen auf dieser Erde mit meinen Worten positiv zu beeinflussen, schwand sie in diesem Augenblick. Der Kommentar einer einzigen Person hatte jedes bisschen Mut zerstört, das ich damals aufgebracht hatte. Ich war monatelang wie gelähmt und hatte keinerlei Selbstvertrauen mehr. Es dauerte lange, bis ich die Kraft, den Mut und die Bereitschaft aufbrachte, dieses niederschmetternde Erlebnis innerlich aufzuarbeiten.

Hat schon mal jemand etwas zu dir gesagt, das ähnliche Auswirkungen auf dich hatte? Ich könnte mir vorstellen, dass der Feind dafür sorgt, dass uns allen so etwas passiert. Besonders in einem Bereich, der mit unserer Berufung zu tun hat.

Als ich mich emotional und geistlich wieder aufgerappelt hatte, brachte ich den Mut auf, auf Jesus zu schauen und neue Hoffnung zu schöpfen. Und dadurch – und weil ich meinen Weg vertrauensvoll fortsetzte – lernte ich allmählich etwas, das die Richtung meines Lebens entscheidend prägen würde. Ich glaube, Gott wollte, dass ich Resilienz entwickelte. Er wollte, dass ich meine Hoffnung auf ihn setzte. Nicht auf meine Fähigkeiten. Nicht auf das, was andere Menschen über mich dachten. Es war die allererste Lektion in diesem Lernprozess, aber eine der wichtigsten, und sie hat einen lebenslangen Entwicklungsprozess angestoßen. Ich hätte an jenem Tag aufgeben können und wäre nie zu der Jesus-Nachfolgerin geworden, die ich heute bin. Ich hätte mich von den Absichten abwenden können, die Gott für mein Leben hat. Ich hätte allen Grund gehabt, aufzugeben und der Zukunft, die Gott für mich geplant hat, den Rücken zu kehren. Aber ich gab nicht auf. Stattdessen bekräftigte ich, dass ich meine Hoffnung auf Gott setze und nur auf ihn.

Gib auch nicht auf. Ganz egal, was irgendjemand zu dir gesagt hat. Ganz egal, wie sehr deine Hoffnungen auch erschüttert wurden. Ich kann so gut nachvollziehen, wie sehr es einen einschüchtert, wenn man einen schweren Schlag wegstecken muss, und wie schwer es dann ist, wieder neue Hoffnung zu schöpfen. Aber Gott lädt uns ein, uns ihm zuzuwenden, damit er uns mit Freude und Frieden erfüllen kann, sodass unsere Hoffnung durch die Kraft des Heiligen Geistes immer größer wird.

Himmlischer Vater, meine Hoffnung ruht auf dir und auf dir allein. Danke, dass du mich durch die Kraft des Heiligen Geistes mit Hoffnung erfüllst. Amen.

61

Setze deine Hoffnung auf Gott

Doch nicht nur dafür sind wir dankbar. Wir danken Gott auch für die Leiden, die wir wegen unseres Glaubens auf uns nehmen müssen. Denn Leid macht geduldig, Geduld aber vertieft und festigt unseren Glauben, und das wiederum stärkt unsere Hoffnung.
Römer 5,3–4 (Hoffnung für alle)

Sophia war schon als Kleinkind – als sie die ersten Worte sprach – ein lebhaftes, glückliches und zu Späßen aufgelegtes Kind. Sie liebt das Theater und kann alles Mögliche auswendig aufsagen, ob das nun Broadway-Stücke sind oder historische Reden. Mutig. Laut. Fröhlich. Vor aller Welt. Darum gingen bei mir alle mütterlichen Warnleuchten an, als sie auf der weiterführenden Schule plötzlich einige Wochen lang ungewöhnlich still wurde.

Obwohl ich ein paar Mal nachhakte, ob es irgendein Problem gäbe, winkte sie jedes Mal ab und versicherte mir, dass alles in Ordnung sei. Daher wartete ich ab. Geduldig. Aufmerksam. Bis eines Abends alles aus ihr herausbrach. Einige Schulfreundinnen hatten angefangen, sich über sie lustig zu machen, sie auszuschließen und über sie herzuziehen. Sie war entsetzt, schockiert und verzweifelt. Während sie mir davon erzählte, liefen ihr die Tränen übers Gesicht, und ich konnte nicht anders, als innerlich mit ihr zu weinen.

Wenn du jemals ein Kind durch die Pubertät begleitet hast, weißt du, wie schlimm und herzzerreißend solche Erlebnisse sein können. Wir können uns alle an diese Phase erinnern, nicht wahr?

Selbst wenn du verhältnismäßig gut durch die Pubertät hindurchgekommen bist, ist das eine Zeit, in der sich vieles ändert und verarbeitet werden muss.

Während ich ihr half, diese Zeit zu überstehen und ihre Enttäuschung zu bewältigen, hätte ich ihr so gern gesagt, dass diese und ähnliche Probleme einmal enden würden und dass danach wieder alles gut sein würde. Aber das stimmt leider nicht. Also sagte ich ihr auf eine Weise, die ihrem Alter entsprach, das, was ich jedem von uns sagen würde.

Jesus nachzufolgen heißt: Wenn wir ein weiches, offenes Herz behalten und mit unseren Mitmenschen innerlich verbunden bleiben wollen, müssen wir uns darüber im Klaren sein, dass das nie ohne Schmerzen und Verletzungen abgeht. Egal, wie umsichtig wir unsere Freunde oder unseren Ehepartner auch wählen. Wie sorgfältig wir auch mit unseren Finanzen umgehen. Wie gewissenhaft wir uns am Arbeitsplatz oder in unserem geistlichen Dienst auch engagieren. Es kann immer etwas passieren, auf das wir nicht vorbereitet sind.

Worauf es ankommt, ist, wie wir mit unserer Enttäuschung umgehen. Lassen wir uns von all den Dramen, die sich im Laufe unseres Lebens abspielen, davon abhalten, jemals wieder zu vertrauen? Jemals wieder eine Beziehung einzugehen? Jemals wieder zu hoffen? So sehr du auch verletzt worden bist – sprich mit Gott darüber. Er kann damit umgehen – selbst wenn er derjenige ist, der dich enttäuscht hat. Ja, du hast richtig gelesen: Er weiß, was wir empfinden – darum dürfen wir es ruhig aussprechen. Aber wir sollten nicht dabei stehen bleiben. Lass uns ihn in diese Situation einladen. Lass uns ihn darum bitten, uns zu heilen, damit wir von Neuem hoffen können. Denn Leid hilft uns, innerlich geduldiger zu werden, und Geduld vertieft und festigt unseren Glauben, und das wiederum macht uns zuversichtlicher. Was auch immer geschieht – wir dürfen darauf vertrauen, dass Gott uns neue Hoffnung schenken will.

Himmlischer Vater, ich will dir in gewisser Weise auch für meine Probleme danken, weil ich weiß: Sie lehren mich Geduld, und Geduld macht meinen Glauben stärker, und das wiederum lässt Hoffnung in mir wachsen. Amen.

62

Blick über die Trümmer hinaus

Herr, du bist deinem Land gnädig gewesen, du hast Israels Geschick wieder zum Guten gewendet. Die Schuld deines Volkes hast du vergeben und alle seine Sünden zugedeckt. Du hast deinen Zorn zurückgenommen und seine feurige Glut von uns abgewendet.
Psalm 85,2–4 (Hoffnung für alle)

Als die Israeliten nach ihrer siebzigjährigen babylonischen Gefangenschaft wieder nach Hause zurückkehren durften, fanden sie dort nur einen Haufen Schutt vor. Der Tempel war zerstört, die Stadt lag in Trümmern, und sie waren von allen Seiten von Feinden umgeben. Statt alles so vorzufinden, wie sie es verlassen hatten und wie es in ihrer Erinnerung gewesen war, fanden sie nur Zerstörung vor. Sie hatten erwartet, zur Normalität zurückzukehren, aber es gab keine Normalität mehr.

Kommt dir das bekannt vor? Wir waren wahrscheinlich alle schon einmal an dem Punkt, dass wir einfach nur wollten, dass alles wieder normal wird – aber manchmal geschieht das eben nicht. So sehr die Israeliten auch hofften, dass ihr Leben nach der Gefangenschaft so verlaufen würde, wie sie erwarteten – die Realität sah völlig anders aus. Mutlosigkeit, Enttäuschung und Resignation hielten Einzug. Ein Gefühl der Hoffnungslosigkeit. Sie verloren sogar ihren Glauben.

Und das geschieht schnell, wenn wir Phasen durchmachen, in denen unsere Umstände und unsere Zukunftsaussichten sich ganz anders entwickeln, als wir gehofft hatten. Ich selbst habe schon

Projekte in Angriff genommen, bei denen ich dachte, die Dinge würden sich in eine bestimmte Richtung entwickeln, und dann kam alles ganz anders. Ich habe Veranstaltungen geplant, bei denen ich jedes Detail geregelt hatte, und dann hat sich doch nichts nach Plan entwickelt. Ich habe Projekte entworfen, die eine unerwartete Wendung genommen haben, sodass etwas entstanden ist, womit ich nie gerechnet hätte. Es gab Beziehungen, bei denen ich einfach wusste, dass sie sich positiv entwickeln würden, und dann stellte sich heraus, dass das Gegenteil der Fall war.

Was tun wir, wenn etwas, worauf wir uns gefreut haben und auf das wir große Hoffnungen gesetzt hatten, sich nicht so entwickelt, wie wir erwartet hatten? Vielleicht sollten wir schauen, was die Israeliten getan haben, als sie ihre Heimat in Trümmern vorfanden: Sie komponierten ein Lied – Psalm 85 – und dann sangen sie es in ihren Gottesdiensten. Sie integrierten es in ihre Liturgie. Und sie bekannten dadurch öffentlich: „Wir wollen alles dafür tun, damit wir eine Erweckung bekommen!" Sie begannen damit, dass sie beschrieben, wie sehr Gott ihnen in all der Zeit treu gewesen war. Sie richteten ihren Lobpreis an ihn. Sie sagten zu Gott: „Du bist uns gnädig gewesen. Du hast unser Geschick zum Guten gewendet. Du hast uns unsere Schuld vergeben. Du hast unsere Sünden zugedeckt. Du hast deinen Zorn zurückgenommen. Du hast die Strafe abgewendet."

Ist das nicht eine tolle Art und Weise, über die Trümmer hinauszublicken? Die Hoffnung wieder zu entfachen? Den Glauben neu zu entzünden? Sich mit dem zu arrangieren, was sich anders entwickelt hat als geplant? Und für uns kann das ein großartiges Vorbild sein! Hab den Mut, heute über die Trümmer deines Lebens hinauszublicken. Sprich laut aus, dass du an den glaubst, der dir in der Vergangenheit treu gewesen ist, und dass du deine Hoffnung auf ihn setzt. Zähle deine Segensgeschenke und entfache die Glaubensflamme in deinem Herzen neu!

Vater, ich will über alles hinwegsehen, was sich nicht so entwickelt hat, wie ich erwartet hatte, und setze meine Hoffnung neu auf dich. Danke für alles, was du schon für mich getan hast! Amen.

63

Hoffe, auch wenn alles hoffnungslos scheint

Als Gott Abraham versprach, dass er zum Vater vieler Völker werden würde, glaubte Abraham ihm und hielt an der Hoffnung fest, obwohl es hoffnungslos schien. Gott hatte ihm versprochen: „Deine Nachkommen werden so zahlreich sein wie die Sterne."
Römer 4,18

Als Gott Abraham so ein eigenartiges und unerwartetes Versprechen gab – dass er zum Stammvater vieler Völker werden würde –, glaubte dieser Gottes Worten. Er ging das Risiko ein und hielt an der Hoffnung fest, obwohl alles hoffnungslos war. Er stritt die Tatsachen nicht ab – dass er und Sarah zu alt waren, um überhaupt noch Kinder zu bekommen –, aber er weigerte sich zu glauben, dass diese Tatsachen Gottes Handeln einen Riegel vorschieben konnten. Er hörte nicht auf zu hoffen und klammerte sich an Gottes Versprechen und darum wurde sein Glaube nur umso stärker. Als schließlich Isaak zur Welt kam – rund fünfundzwanzig Jahre später –, gab Abraham Gott alle Ehre.

Stell dir einmal vor, was wir Jesus-Nachfolger auf dieser Welt bewegen könnten, wenn wir lernen würden, mit den vermeintlichen Realitäten in unserem Leben so umzugehen wie Abraham! Wenn wir lernen würden, das Unerwartete zu tun! Wenn wir uns dem Unerwarteten stellen würden! Wenn wir angesichts des Unbekannten an Gott festhalten würden, statt uns zu sorgen! Wenn wir bei Verlusterfahrungen und Enttäuschungen unserem Weg mutig folgen würden, im festen Vertrauen darauf, dass all das einen tieferen

Sinn hat, den Gott allein kennt! Wenn wir jeden Morgen aufstehen und das Beste von Gott erwarten würden, auch wenn wir wissen, dass möglicherweise das Schlimmste passiert! Wenn wir wagen würden, große Hoffnungen zu hegen, selbst wenn es keine vernünftigen Gründe zu geben scheint, überhaupt irgendetwas zu hoffen! Hat Abraham nicht gerade das getan? Er hat gegen alle Wahrscheinlichkeit gehofft. Er glaubte, auch wenn die Umstände keinen Grund zur Hoffnung gaben.

Ich sage das nicht leichthin. Ich weiß sehr gut, dass manche Dinge nach menschlichem Ermessen wirklich völlig unmöglich sind. Absolut hoffnungslos. Aber auch angesichts solcher Umstände können wir unsere Hoffnung auf Gott setzen – auf sein Wesen, seinen Charakter, seine Liebe zu uns. Selbst wenn es absolut nicht danach aussieht, als würden die Umstände sich ändern.

Auf Gott zu hoffen ist die perfekte Reaktion, wenn wir mit dem Unmöglichen konfrontiert sind. Wenn wir mehr Fragen als Antworten haben. Mehr Zweifel als Glauben. Hoffnung ist das unerschütterliche Vertrauen zu Gott. Hoffnung leugnet nicht, dass unser Schmerz real ist, aber sie schenkt uns ein Leben jenseits unseres Schmerzes. Sie erlaubt uns, durchzuhalten und an einen neuen Anfang zu glauben. Hoffnung ist die Zuversicht, dass uns Gutes widerfahren wird. Sie gibt uns neuen Mut und fordert uns heraus, an eine andere, bessere Zukunft zu glauben. Hoffnung bedeutet, den Blick immer erwartungsvoll auf Gott zu richten.

Ich glaube, dass wir so erwartungsvoll – so voller Hoffnung und Glauben – mit buchstäblich *allem* umgehen können, was uns begegnet.

Bist du heute mit etwas konfrontiert, das allem Anschein nach hoffnungslos ist? Wag es doch mal, deine Hoffnung hier auf Gott zu setzen – darauf, wer er ist. Wag es, über deine Umstände hinaus auf ihn zu schauen. Wag es zu hoffen, auch wenn alles hoffnungslos scheint.

Himmlischer Vater, ich will meine Hoffnung auf dich setzen. Hilf mir, über das Unmögliche und Hoffnungslose in meinem Leben hinauszuschauen und die Hoffnung nicht aufzugeben. Du bist der Gott, der alles möglich machen kann. Amen.

64

Geh weiter

Wenn du durch Wasser gehst, werde ich bei dir sein. Ströme sollen dich nicht überfluten! Wenn du durch Feuer gehst, wirst du nicht verbrennen; die Flammen werden dich nicht verzehren!
Jesaja 43,2

Als ich vor einigen Jahren die Diagnose „Schilddrüsenkrebs" erhielt, war ich total überfordert. Während alle möglichen Gefühle auf mich einstürmten, musste ich gleichzeitig schwerwiegende Entscheidungen treffen. Sollte ich mich operieren lassen oder nicht? Würde ich irgendwelche Folgebehandlungen brauchen? Wenn du schon mal eine ähnliche Diagnose bekommen oder eine Freundin oder einen Angehörigen auf diesem Weg begleitet hast, dann weißt du, wie schwer diese Zeit sein kann.

Ich kenne die zerstörerischen Folgen von Krebs auf eine sehr persönliche Weise. Ich habe miterlebt, wie mein Vater gestorben ist, als ich gerade mal neunzehn war. Wir haben alle Narben davongetragen – meine Mutter, meine Brüder und ich. Wie haben in einer entscheidenden Zeit unseres Lebens unseren Helden verloren und waren danach nie mehr dieselben. Als ich daher meine Diagnose erhielt, wollte ich sie nicht akzeptieren und all das in Angriff nehmen, was mir in der nächsten Zeit womöglich bevorstand, sondern ich wollte nur *von all dem* befreit werden.

Ich hatte in meinem Leben immer wieder lernen müssen, *zu Gott hinzulaufen*, nicht *vor ihm weg*. Ich hatte die Erfahrung gemacht, dass er bei mir war, in welcher Situation ich mich auch befand. Ich hatte verinnerlicht, dass Gott gut ist, und ich glaubte an seine Güte. Darum setzte ich meine Hoffnung ein weiteres Mal auf ihn. Es wäre schön gewesen, wenn ich gewusst hätte, *warum* ich das alles durchmachen musste, aber manchmal erfahren wir noch nicht einmal das, und die Heilung, die wir uns erhoffen, erfolgt nicht durch ein Wunder, sondern schlicht dadurch, dass wir Schritt für Schritt durch das hindurchgehen, was vor uns liegt.

Darüber hinaus glauben wir oft, dass Gott nicht da ist, wenn wir etwas Schwieriges, Schlimmes durchmachen. Aber er hat uns genau das versprochen! Er hat gesagt: „Wenn du durch Wasser gehst, werde ich bei dir sein … Wenn du durch Feuer gehst, wirst du nicht verbrennen." Und hinzu kommt: Jedes Mal, wenn wir durchs Feuer gehen, schenkt Gott uns mehr Kraft und Ausdauer. Wie oft hast du schon etwas Schweres durchgemacht und warst hinterher nur umso stärker? Bei mir war das jedes einzelne Mal der Fall. Und bei der Operation, zu der ich mich schließlich entschloss, war es genauso.

Machst du gerade etwas durch, von dem du gehofft hattest, dass Gott dich davor bewahrt? Folge einfach weiter deinem Weg, und mach dir bewusst, dass Gott bei dir ist. Geh weiter, und vertraue darauf, dass er *in dir* etwas tut. Geh weiter und lebe dein Leben zielstrebig und mit Leidenschaft – und verliere nie aus den Augen, wozu Gott dich erschaffen und berufen hat.

Himmlischer Vater, du siehst, was ich gerade durchmache. Ich will in all dem mein Vertrauen auf dich setzen. Danke, dass du gute Absichten für mich hast – keine der schlimmen Erfahrungen kann diese durchkreuzen. Du willst mir Zukunft und Hoffnung schenken. Amen.

65

Grenzenlose Hoffnung

Langes Warten macht das Herz krank, aber wenn Träume wahr werden, herrscht Leben und Freude.
Sprüche 13,12

„Schon wieder abgesagt! Das darf doch nicht wahr sein! Jetzt kann ich schon das dritte Jahr in Folge das Rennen nicht fahren!", rief Nick.

Drei Jahre lang hatte Nick in der Hoffnung darauf trainiert, das *Cape Epic* in Südafrika zu fahren – eines der in sportlicher Hinsicht herausforderndsten Mountainbike-Rennen der Welt. Dieses achttägige Etappenrennen führt über rund 700 Kilometer unwegsames Gelände. Dabei sind insgesamt etwa 17 000 Höhenmeter zu überwinden, abhängig vom Streckenverlauf, der sich jedes Jahr ändert.[29]

Beim ersten Anlauf hatte Nick sich ein Jahr lang auf das Rennen vorbereitet und dabei zahllose Trainingseinheiten von jeweils drei bis sechs Stunden absolviert. Dann reiste er den ganzen Weg nach Südafrika und begann das Rennen, aber nach drei Tagen wurde er richtig, richtig krank. Die Veranstalter erlaubten ihm nicht, das Rennen zu beenden, weil er kurz vor einem Nierenversagen stand. Trotzdem sammelte er eine fantastische Summe für die Arbeit von *A21*, was auch sein Ziel gewesen war, aber er war schrecklich enttäuscht, dass er das Rennen abbrechen musste.

Nachdem er ein weiteres Jahr intensiv trainiert hatte, flog er nach Kapstadt und sah sich dort mit der Pandemie von 2020 konfrontiert. Die Länder begannen gerade, ihre Grenzen zu schließen und derartige Veranstaltungen abzusagen. Als er nach Hause zurückkehren wollte, musste er sich im Grunde von Land zu Land hangeln, und es stand auf Messers Schneide, ob er es schaffen würde, bevor auch die letzten Flughäfen geschlossen wurden. Ich war unglaublich froh und erleichtert, als er endlich zu Hause war.

Als Nick erfuhr, dass das Rennen 2021 ebenfalls abgesagt werden sollte, war er schrecklich enttäuscht, denn er hatte wieder zwei Jahre lang trainiert. Hast du schon mal hart für etwas gearbeitet und dann erleben müssen, dass alles, was du geplant hast, alles, wofür du dich eingesetzt hast, trainiert hast, gespart hast, sich in Luft auflöst? Langes Warten macht das Herz krank, nicht wahr?

Ich habe im Gespräch mit Nick mehr als einmal darüber nachgedacht, ob all dieses Training vielleicht nicht für das Rennen in Südafrika gut war, sondern für das *Cape Epic* des Himmels! Natürlich bin ich mir bewusst, wie viel er in diesen Traum investiert hat, und ich fühle auch mit ihm – aber ich wollte ihn mit dem Gedanken trösten, dass unsere Hoffnung letztlich auf Jesus gegründet ist und nicht auf das, was wir hier auf der Erde planen und worauf wir uns freuen. Einige unserer Sehnsüchte werden sich eben erst im Jenseits erfüllen. Wenn wir unsere Hoffnung auf Jesus setzen und auf all das, was er ist – auch und gerade dann, wenn die Dinge sich nicht so entwickeln, wie wir dachten –, wird unsere Enttäuschung nicht so groß sein, wenn Träume einmal platzen. Wir werden die Kraft haben, unserem Weg hoffnungsvoll weiter zu folgen! Natürlich wird es nicht immer leicht sein, mit der Enttäuschung fertigzuwerden, und wir werden uns damit auseinandersetzen müssen, aber unsere Gedanken und Gefühle werden vermutlich nicht ständig um den Verlust kreisen. Stattdessen dürfen wir unseren Blick wieder auf Jesus richten und uns darauf verlassen, dass er etwas Besseres für uns im Sinn hat. Lass uns doch heute neu unsere Hoffnung auf Jesus setzen und nur auf ihn.

Jesus, ich will meine Hoffnung nur auf dich setzen. Ich will lernen, dir zu vertrauen, wie auch immer sich mein Leben entwickelt. Du bist meine grenzenlose Hoffnung! Amen.

66

Die wahre Quelle der Hoffnung

Wer an den Sohn Gottes glaubt, hat das Leben; wer aber an den Sohn Gottes nicht glaubt, hat auch das Leben nicht.
1. Johannes 5,12

Von allen Kirchen, die ich schon besuchen durfte, war die Kirche in Qatar für mich mit keiner anderen zu vergleichen. Ich war an einem Freitag dort, dem Tag, der in diesem Land für Kirchenbesuche vorgesehen ist. Wir hatten die Stadtgrenze von Doha weit hinter uns gelassen, als wir irgendwann ein Gelände erreichten, auf dem alle christlichen Denominationen mit Erlaubnis der Regierung ihre Kirchen errichten durften.

Um zu dem Gebäude zu gelangen, in dem ich sprechen sollte, mussten wir drei Kontrollstellen passieren, die streng bewacht wurden. An jeder von ihnen mussten wir unsere Pässe vorzeigen und bestätigen, dass wir Christen waren, denn es war Muslimen untersagt, das Gelände zu betreten.

Die Gottesdienstbesucher wünschten sich sicher, anderen von ihrem Glauben zu erzählen – vielleicht durch etwas so Einfaches wie ein Kreuz oder einen Bibelvers auf ihrem Schreibtisch am Arbeitsplatz. Doch sie durften außerhalb der wöchentlichen Gottesdienste, die wie gesagt ausschließlich auf diesem Gelände stattfinden, nicht einmal andeuten, woran sie glaubten.

Die meisten Menschen, die die verschiedenen Kirchen besuchten, mussten außerhalb des Geländes parken und den Weg zu ihrem jeweiligen Gebäude zu Fuß zurücklegen. Ich staunte darüber, dass sie trotz der Hitze, der Entfernung zum Ort, des Risikos, der Schwierigkeiten, der Gefahren, der Kontrollen und der Einschränkungen, wann und wie sie ihrem Glauben an Jesus Christus Ausdruck verleihen dürfen, kamen. Dass sie an ihm festhielten. Während die Besucher in ihre jeweilige Kirche strömten, war offensichtlich, wie glücklich und begeistert sie waren. Sie konnten es nicht erwarten, ihren König anzubeten. Die tiefe Hoffnung, die sie erfüllte, war für mich inspirierend, aber auch herausfordernd. Ich begriff: Nur Jesus schenkte ihnen diese Hoffnung, und das machte sie froh. Ihre Hoffnung gründete sich nicht auf irgendwelche Dinge, die für mich selbstverständlich sind. Sie hatten nicht die Freiheiten, die ich genieße, und doch schien ihre Hoffnung unerschütterlicher zu sein als meine.

Warst du schon mal in einer Situation, in der dir klar wurde, wie viel du eigentlich hast – und das allein dadurch, dass du gesehen hast, was anderen *fehlt*? Und hast du dir dann unwillkürlich die Frage gestellt, worauf sich dein Leben wirklich gründet? Das hat Qatar zumindest bei mir bewirkt. Ich habe immer in Ländern gelebt, in denen ich zur Kirche gehen konnte, wann immer und wo immer ich wollte. Ich musste niemals vor anderen verbergen, dass ich an Jesus Christus glaube, und doch ist es mir so oft passiert, dass mir die Hoffnung abhandengekommen ist, weil ich mein Leben gewissermaßen an Dingen und Menschen festgemacht hatte und nicht an Jesus. Es gab Zeiten, in denen ich vergessen hatte, wem ich meine Hoffnung zu verdanken habe.

Wie ist es mit dir? Hast du schon mal eine ähnliche Erfahrung gemacht? Denk doch heute darüber nach, und vergewissere dich, dass das, was dir Hoffnung fürs Leben schenkt, einzig und allein Jesus ist.

Jesus, bitte zeig mir, wo ich meine Hoffnung auf etwas anderes oder jemand anderen gesetzt habe und nicht auf dich. Du bist derjenige, der mir alles gibt, was ich zum Leben brauche. Amen.

67

Die Hoffnung, die uns erfüllt

Doch selbst wenn ihr dafür leidet, dass ihr das Richtige tut, seid ihr gut dran. Also habt keine Angst und seid unbesorgt. Macht Christus zum Herrn eures Lebens. Und wenn man euch nach eurer Hoffnung fragt, dann seid immer bereit, darüber Auskunft zu geben, aber freundlich und mit Achtung für die anderen.
1. Petrus 3,14–16

Ich gehe gern ab und zu in ein neues Fitnessstudio – teils, um mich selbst zum Training zu motivieren, teils, um neue Leute kennenzulernen, die Jesus Christus vielleicht noch nicht kennen. Ich freue mich immer, neue Leute kennenzulernen, und wenn ich die Gelegenheit bekomme, ihnen von Jesus zu erzählen, umso besser.

In einem der Fitnessstudios freundete ich mich rasch mit einer Frau an, der ich oft auf dem Laufband begegnete. Sie war Ende fünfzig, alleinstehend und ganz auf ihre Karriere fokussiert. Wochenlang liefen wir nebeneinanderher und spornten uns gegenseitig an, bis zum Ende des Workouts durchzuhalten. Mit der Zeit begannen wir, längere Gespräche zu führen, und tauschten uns auch manchmal über unser Privatleben aus. Ich erfuhr, dass sie seit Kurzem geschieden war – sie hatte herausbekommen, dass ihr Mann eine Affäre hatte.

Umgekehrt erfuhr sie, dass Nick und ich seit über zwanzig Jahren verheiratet sind. Eines Tages fragte sie mich, ob ich nicht, wo ich doch schon so lange verheiratet war, mal losziehen und mir etwas Abwechslung gönnen wollte.

Ich wusste, dass die Art und Weise, wie ich auf ihre Frage antwortete, darüber entscheiden würde, ob sie mich jemals wieder etwas fragte. Ich wollte einerseits mit meiner Antwort auf ihr Bedürfnis eingehen, geliebt, angenommen und wertgeschätzt zu werden. Andererseits wollte ich die Gelegenheit nutzen, um ihr von dem zu erzählen, worauf sich mein Leben gründet.

So erklärte ich ihr auf eine Weise, durch die sie sich nicht verurteilt fühlen musste, dass ich an Gott glaube. Ich erzählte ihr, dass ich meine Entscheidungen anhand der biblischen Maßstäbe treffe und dass ich glaube, dass die Ehe ein Bund zwischen Mann und Frau ist. Und dass ich niemals irgendetwas tun möchte, das unsere Liebe und das Vertrauensverhältnis gefährdet, das zwischen Nick und mir besteht. Damit meine Worte nicht zu ernst klangen, setzte ich augenzwinkernd hinzu: „Und warum sollte ich irgendjemand anderen wollen, wenn ich schon den Besten habe?"

Sie war total platt, dass ich das so sah. Viele der Männer, die sie online kennengelernt hatte, waren verheiratet und hatten kein Problem damit, Affären zu haben. Sie war erstaunt, dass das für Nick und mich nicht infrage kam. Ich war erleichtert darüber, wie sie darauf reagierte, dass ich ihr ehrlich von meinem Glauben erzählt hatte und davon, dass er die Grundlage meiner Ehe war: Sie fühlte sich dadurch nicht abgestoßen, sondern sie wollte mehr erfahren und stellte weitere Fragen.

Wann hattest du zum letzten Mal Gelegenheit, anderen von deinem Glauben zu erzählen und davon, dass diese Hoffnung – Jesus – jeden Bereich deines Lebens prägt? Dass er dir hilft, nicht aufzugeben? Halte doch heute nach Gelegenheiten Ausschau und nutze sie einfühlsam. Denk daran: Unsere Botschaft sollte einladend sein, wenn wir jemanden einladen wollen, Jesus kennenzulernen.

Jesus, ich danke dir für die Gelegenheiten, anderen von der Hoffnung zu erzählen, die mich trägt. Die Gelegenheiten, anderen zu erzählen, wer du bist und was du in meinem Leben getan hast. Amen.

68

Unsere grundlegende Hoffnung

Aber wenn wir auf etwas hoffen, das wir noch nicht sehen, müssen wir mit Geduld und Zuversicht darauf warten.
Römer 8,25

Während ihrer Zeit in der Mittelstufe bemühte sich meine ältere Tochter Catherine jedes Jahr um die Aufnahme in die Volleyball-Mannschaft. Jedes Mal, wenn sie es geschafft hatte, waren wir erleichtert, denn während der Wochen vor den Testspielen konnten alle im Haus ihre Anspannung spüren. Manchmal war der Druck so groß, dass es Nick, Sophia und mir so vorkam, als würden wir uns selbst für die Aufnahme ins Team bewerben.

Als Catherine ihren Abschluss hatte und es Zeit wurde, sich für eine Uni zu bewerben, fühlte es sich wieder genauso an wie vor den Testspielen. Ich musste bewusst darauf achten, mir keine Sorgen darüber zu machen, dass ihr vielleicht keine Uni ihrer Wahl eine Zusage geben würde. Während wir auf die Antwort der betreffenden Einrichtungen warteten, war es ziemlich belastend für mich, immer wieder zu hören: „Ach, Mama, ich hoffe so, dass ich angenommen werde."

Wenn wir uns etwas von ganzem Herzen wünschen und das dann nicht eintrifft, ist die Enttäuschung oft groß. Es ist ja auch nicht falsch, sich etwas zu wünschen, aber wir sollten bei all dem auch Jesus in die Gleichung einbeziehen. Wenn wir das, was wir uns wünschen, nicht bekommen oder nicht zu dem Zeitpunkt oder auf die Weise, wie wir es uns wünschen, ist die Enttäuschung vorprogrammiert. Natürlich besteht die Lösung nicht darin, sich einfach nichts mehr zu wünschen. Wenn nach mehreren Enttäuschungen die Hoffnungslosigkeit Einzug hält, kann das dazu führen, dass wir uns zurücknehmen und darüber nachdenken, unseren Lebensplan umzuschreiben – oder mit anderen Worten: dass wir uns eine bescheidenere, sicherere Zukunft wünschen statt der abenteuerlichen, die Gott vielleicht ursprünglich für uns geplant hatte. Es kann so leicht passieren, dass wir den Mut verlieren und nicht mehr wagen, auf etwas zu hoffen.

Womit auch immer wir fertigwerden müssen – Gott möchte nicht, dass wir die Hoffnung aufgeben. Es gibt eine Sache, die uns nie enttäuschen wird: er selbst. Deshalb dürfen wir unsere Hoffnung auf das setzen, was er uns in der Bibel verspricht. Ein Leben der Freude, des Friedens, der Liebe. Dass er die Frucht des Heiligen Geistes in uns wachsen lassen will. Dass er der ist, der er zu sein verspricht – und dass er sich nie ändern wird. Dass er immer bei uns ist und uns nie verlassen wird. Wir dürfen mit der Hoffnung hoffen, die er in unser Herz gepflanzt hat und die nicht von dem abhängt, was um uns herum – oder mit uns – passiert.

Als Catherine schließlich die Zusage einer Uni erhielt, die ganz oben auf ihrer Liste stand, freuten wir uns alle riesig. Wir waren so erleichtert. Gleichzeitig war das aber auch die perfekte Gelegenheit, sie daran zu erinnern, worauf wir wirklich unser Vertrauen setzen und wie wir lernen können, zuversichtlich und unbeirrt Gottes Absichten und Ziele für unser Leben zu verfolgen. Was wäre denn gewesen, wenn sie von keiner der Unis eine Zusage bekommen hätte? Sie ist sehr intelligent, aber ich wusste von anderen Eltern, dass das manchmal einfach nicht genügt. So musste auch ich in dieser Situation umso mehr darauf achten, meine Hoffnung ganz an Jesus festzumachen.

Was wünschst du dir gerade sehnlichst? Halte danach Ausschau, und warte darauf, was geschieht – aber achte gleichzeitig darauf, dass deine grundlegende Hoffnung mehr an Jesus festgemacht ist als an irgendetwas anderem.

Jesus, ich wünsche mir so viele Dinge. Hilf mir, darauf zu achten, dass ich mein Herz nicht daran festmache, sondern an dir. Was auch immer geschieht: Ich will meine Hoffnung an dir festmachen und darauf vertrauen, dass du deine Absichten für mein Leben realisierst, was auch immer sonst noch geschieht. Amen.

69

Hoffnung weitergeben

Doch ich vertraue fest darauf, dass ich noch sehen werde, wie gut Gott ist, solange ich lebe.
Psalm 27,13

Als wir durch die Pandemie von 2020 gezwungen waren, uns viel mehr zu Hause aufzuhalten, als wir je gedacht hätten, bekamen Nick und ich die Gelegenheit, unsere Nachbarn besser kennenzulernen. Eines Tages – ich stellte gerade unseren Mülleimer an die Straße – begegnete ich einem Nachbarn, der gerade dasselbe tat. Als ich beiläufig anmerkte: „Guten Morgen! Was für ein toller Tag!", konnte ich ihm im nächsten Moment ansehen, dass er das ganz anders sah. „Was? Wie können Sie denn so was sagen?", gab er zurück. „Die Welt geht gerade unter."

Mir war natürlich bewusst, dass wir in einer äußerst schwierigen Zeit lebten. Diverse Freunde hatten schon Corona gehabt oder hatten es gerade, darunter auch einige Mitarbeiter. Ich kannte Menschen, die daran gestorben waren. Ich hatte Tränen vergossen. Ich hatte getrauert. Ich hatte mich an Gott festgehalten und Tag für Tag und Woche für Woche negative Nachrichten verarbeiten müssen. Und meine Hoffnung umso fester auf Gott gesetzt.

In einer englischen Übersetzung des heutigen Bibelverses heißt es: „Ich wäre verzweifelt, wenn ich nicht geglaubt hätte, dass ich die Güte des Herrn sehen würde."[30] Das war nie mehr der Fall als während der Pandemie.

Was mein Nachbar nicht wusste und nicht verstand, war, dass ich mit meinen Worten meiner Hoffnung Ausdruck verlieh. Obwohl ich nicht wusste, wie sich die Dinge für ihn, für seine Arbeitsstelle und seine Familie oder für mich, meine Familie und mein Leben als international tätige Rednerin entwickeln würden, wusste ich eines doch genau: Gott hat alles unter Kontrolle. Er hatte die Pandemie nicht verursacht, aber er war in ihr an unserer Seite.

Als Nick und ich unseren Nachbarn nicht länger nur mit einem „Hallo!" begegneten, lernten wir sie besser kennen. Wir beschlossen, uns einmal in der Woche im Freien zu treffen, natürlich mit dem vorgeschriebenen Abstand. Jede Woche sprachen wir über alles Mögliche: unsere Arbeit bei *A21*. Ihre Berufe. Unsere Mädchen. Ihre erwachsenen Kinder. Die Wirtschaftslage. Und wie sich die aktuellen Zustände auf unsere Zukunft auswirken würden. Das Beste daran war, dass Nick und ich die Gelegenheit hatten, von der Hoffnung zu erzählen, die wir haben – von der Zuversicht, mit der wir leben, weil wir glauben, dass Gott über allem steht. Von der Gewissheit, mit der wir unserem Weg folgen, auch wenn alles um uns herum vollkommen ungewiss ist. Von dem Grund, warum wir nicht aufgeben.

Hattest du schon mal die Gelegenheit, anderen zu erzählen, was dir Hoffnung schenkt? Ich werde immer dankbar sein für all das Gute, das diese schwierige Zeit doch mit sich gebracht hat. Unsere Nachbarn sind zwar weggezogen, aber sie haben eine neue Lebenseinstellung mitgenommen. Eine Lebenseinstellung, die nur Gott schenken kann und die die Kraft hat, uns auch durch die schwierigsten Zeiten hindurchzutragen, die unsere Generation erlebt hat: Hoffnung.

Vater, auch ich wäre verzweifelt, wenn ich nicht glauben würde, dass ich noch erleben werde, wie gut du bist. Du schenkst mir Vertrauen und Hoffnung. Amen.

70

Brauchst du einen gedanklichen Neustart?

Denn du hast eine Zukunft, und deine Hoffnung wird nicht enttäuscht werden.
Sprüche 23,18

Als sich Anfang 2020 Corona ausbreitete und in vielen Städten und Staaten der USA, aber auch weltweit Kontaktsperren und Lockdowns verhängt wurden, warf das meinen Zeitplan als Rednerin komplett über den Haufen. Unser Leben wurde völlig auf den Kopf gestellt. Über Nacht mussten unsere Mädchen lernen, von zu Hause aus dem Unterricht zu folgen, Nick richtete sich in der Garage ein Büro ein, und ich schrieb mein Buch auf dem Küchentisch fertig. Aber wir könnten wahrscheinlich alle Geschichten zu dem Thema erzählen, nicht wahr?

Ich erinnere mich noch an einen Tag, an dem ich versuchte, all das, was passierte, gedanklich und emotional in den Griff zu bekommen und gleichzeitig mit meinem Glauben und meinem Frust zu kämpfen hatte. Nick hörte mir zu, während ich das alles zu verarbeiten versuchte und die zusätzlichen Events von *Propel* aufzählte, die wir eigentlich geplant hatten. Wir hatten so große Hoffnungen darauf gesetzt, was Gott in diesen Veranstaltungen tun würde. Wir hatten sie unter so viel Gebet geplant, wie konnten wir sie nun absagen? An einem bestimmten Punkt meinte ich, ohne groß nachzudenken: „Ich hatte gehofft, dass wir dieses Jahr in so vielen Bereichen einen Durchbruch erzielen würden, und jetzt kommt es mir so vor, als wären alle diese Hoffnungen geplatzt." Ja, das habe ich wirklich gesagt.

Nick reagierte verständnisvoll. Er verstand meine Enttäuschung, aber er wusste, dass ich nicht an diesem Punkt stehen bleiben konnte. Er wusste, dass ich nicht an diesem Punkt stehen bleiben *wollte.* Und weil er mich so gut kennt, half er mir, wieder klar zu denken. „Wie meinst du das?", fragte er. „Jesus sitzt immer noch auf dem Thron. Er ist nirgendwohin verschwunden. Wenn wir von ihm – und nur von ihm – alles erwarten, wie können dann alle Hoffnungen geplatzt sein?"

Das war der gedankliche Neustart, den ich gebraucht hatte. Ich bin so froh, dass Nick einen klaren Kopf behält, wenn ich enttäuscht bin oder wegen irgendetwas in Panik gerate. Ich bin so froh, dass er die Hoffnung behält, wenn ich sie zu verlieren beginne. Wir alle brauchen so jemanden in unserem Leben – einen Ehepartner, eine Freundin, einen Mentor. Er ist mein Gegenstück und erinnert mich an das, was wir beide glauben. Jesus sitzt auf dem Thron, und wir können uns immer auf ihn verlassen, selbst wenn unsere ausgeklügelten Pläne durchkreuzt werden. Wichtig ist nur, dass wir unsere Hoffnung nicht auf das Falsche setzen, also zum Beispiel auf unsere Pläne oder Ziele. Das macht uns anfällig für Enttäuschungen und wirkt sich negativ auf unser Durchhaltevermögen aus. Aber wenn wir unsere Hoffnung auf Jesus setzen, machen wir unser Leben an der ewigen Hoffnung fest, die unsere zeitweilige Enttäuschung immer wieder überwinden kann.

Worauf hast du deine Hoffnung gesetzt? Brauchst du einen gedanklichen Neustart? Wenn du deine Hoffnung an Jesus festmachst, ist es unmöglich, dass alle Hoffnung verloren ist. Er sitzt immer noch auf dem Thron. Er ist immer noch am Werk. Er wacht immer noch über uns alle.

Jesus, ich richte meine Hoffnung neu aus. Ich mache sie nicht länger an meinen Zielen, Träumen und Plänen fest, sondern einzig und allein an dir, denn du bist die Hoffnung in Person. Amen.

71

Hoffnung ohne Wenn und Aber

Nur meinen Diener Kaleb will ich in das Land bringen, das er erkundet hat; seine Nachkommen sollen dort leben. Denn in ihm war ein anderer Geist, er ließ sich nicht beirren und hat mir vertraut.
4. Mose 14,24 (Gute Nachricht)

Von den etwa eine Million Männern, die Mose aus Ägypten herausgeführt hatte und die nun mit ihm und ihren Familien durch die Wüste zogen – eine Reise, die gewöhnlich elf Tage gedauert hätte und sich zu einer 40-jährigen Marathonwanderung entwickelte –, überquerten nur zwei tatsächlich den Jordan und betraten das verheißene Land.[31] Einer der beiden war Kaleb, der andere Josua. In dieser Zeit starb die erste Generation in der Wüste und zwei neue wurden geboren. Josua und Kaleb erlebten dies alles mit und hielten dabei unerschütterlich an Gottes Zusagen fest; darum durften sie auch das Land betreten, in dem Milch und Honig fließen.[32] Sie vergaßen nie, was Gott alles für sie getan hatte. Sie hielten jahrzehntelang durch und verloren nie ihren Glauben und ihre Hoffnung.

In der Bibel steht, dass in Kaleb insbesondere *ein anderer Geist* war. Als Mose ihn im Alter von vierzig Jahren losschickte, um das fremde Land auszukundschaften, kehrte er mit einem begeisterten Bericht zurück. Er riet Mose, loszuziehen und das Land in Besitz zu nehmen; das würden sie ganz sicher schaffen.[33] Er war da sehr optimistisch. Die anderen Späher hingegen waren pessimistisch und ängstlich. Sie hatten nur sehen können, wie riesig die Bewohner dieses Landes waren; sie berichteten, dass sie sich neben ihnen wie

Heuschrecken vorgekommen wären.[34] Kaleb sah das anders, und darum versprach Gott ihm, dass er Kanaan nicht nur betreten, sondern dass seine Nachkommen es besitzen würden.[35]

Gott belohnte Kaleb, und Kaleb hielt sich immer an dem fest, was Gott versprochen hatte. Vierzig Jahre später – er war nun 85 Jahre alt – war er noch mit ganzem Herzen bei der Sache, so wie in jüngeren Jahren. Und ebenso hoffnungsvoll. Er gab nicht auf, bevor er das bekam, wofür er mehr als vierzig Jahre lang gekämpft hatte. Er gab nicht auf, bevor er nach Hebron und damit ins verheißene Land eingezogen war.

In der Bibel steht nichts davon, dass Kaleb der Begabteste, Eloquenteste oder Klügste gewesen wäre. Aber er hielt rückhaltlos an Gott fest und daran änderte sich auch bis zum Schluss nichts. Es gibt nichts Inspirierenderes als jemanden, der vierzig Jahre lang an ein Versprechen glaubt und auf seine Erfüllung hofft, und genau das hat Kaleb getan. Er hielt an Gott fest und erlebte schließlich, wie es sich erfüllte.

Wie lange hast du schon mal darauf gehofft, dass etwas Bestimmtes geschieht? Vielleicht wartest, glaubst und hoffst du ja immer noch. Vielleicht darauf, dass ein geliebter Mensch Jesus kennenlernt. Dass jemand geheilt wird. Frei wird. Was hat Gott dir versprochen? Halte so an seiner Zusage fest, wie Kaleb es getan hat – uneingeschränkt, zuversichtlich und hoffnungsvoll.

Himmlischer Vater, danke für die Zusagen, die du mir in deinem Wort gegeben hast. Ich setze meine Hoffnung und mein Vertrauen auf dich. Ich werde so lange voller Hoffnung bleiben, wie es eben dauert, bis du deine Zusagen erfüllst. Amen.

72

Wie ist es um deine Hoffnung bestellt?

Warum bin ich so mutlos? Warum so traurig? Auf Gott will ich hoffen, denn eines Tages werde ich ihn wieder loben, meinen Retter und meinen Gott!
Psalm 42,12

An dem Tag, an dem meine Mutter unerwartet starb, hatte mein Bruder ihr geholfen, mich über Videotelefonie zu erreichen. Es war mein fünfzigster Geburtstag und sie wollte mir gratulieren. Ihre Gesundheit hatte sich in der letzten Zeit verschlechtert, aber in den vergangenen Wochen schien sie sich etwas stabilisiert zu haben. Das Wissen, dass ich in zwei Wochen nach Hause fliegen würde, um sie wieder einmal persönlich zu treffen, tat uns beiden gut. Als ich später an jenem Abend mit meinem Bruder sprach und von ihm erfuhr, dass sie friedlich eingeschlafen war, war ich erschüttert. Ich war mir bewusst gewesen, dass ich sie eines Tages verlieren würde, aber ich hatte gedacht, dass wir noch ein bisschen mehr Zeit hätten. Bis heute bedeutet mir unser letztes Gespräch unglaublich viel – dass ich noch einmal ihr lächelndes Gesicht sehen und ihr sagen konnte: „Ich hab dich lieb, Mum", und sie sagen zu hören: „Ich hab dich auch lieb."

Während ich an den nächsten Tagen den Heimflug plante, war ich schrecklich traurig. Mein Herz war gebrochen. Ich hatte sie so sehr geliebt. Das Ganze kam mir so unwirklich vor.

Hast du auch schon mal etwas so Erschütterndes durchgemacht, etwas, das dich total kalt erwischt hat, weil du eigentlich etwas völlig anderes erwartet hattest? Was tun wir, wenn wir so sehr hoffen, dass etwas geschieht, und dann kommt es nicht so, wie wir es uns vorgestellt haben? Schlimmer noch – wenn die Dinge eine Wendung nehmen, die uns furchtbar weh tut und traurig macht und Leid und Verzweiflung verursacht? Verlieren wir dann die Hoffnung? Fangen wir an, Fragen zu stellen, vielleicht sogar an dem zu zweifeln, was wir einmal geglaubt haben? Wie sehr erschüttern uns die Erfahrungen? In solchen Situationen denken wir unter Umständen sogar, dass Gott uns im Stich gelassen hat. Ist es dir schon mal so ergangen?

Ich weiß, wie schwer es sein kann, sich solchen Gedanken zu stellen – aber wenn wir Gott ehrlich sagen, wie es in uns aussieht, ist das ein guter Schritt in die richtige Richtung, und es ist ein guter Schritt auf Gott zu. Während ich versuchte, meinen anfänglichen Schock und meinen Schmerz zu überwinden, hielt ich mich an Jesus fest. Was auch der Grund dafür war, dass ich an meinem Glauben festhielt. Als wir nach Australien zurückflogen, war ich wieder in der Verfassung, von Gott die Gnade und Liebe zu empfangen, die ich brauchte, um meinen Brüdern und ihren Familien eine Stütze zu sein.

Wenn du etwas Ähnliches erlebt hast, wenn ein solcher Schock dazu geführt hat, dass du deine Hoffnung nicht mehr bei Jesus festgemacht hast, dann komm heute wieder neu zu ihm. Sag ihm ehrlich, was du fühlst, und hab den Mut, dich wieder neu auf ihn einzulassen.

Himmlischer Vater, ich setze meine Hoffnung auf dich. Ich blicke von meinen Umständen auf zu dir. Was auch immer geschieht, ich will mich davon nicht erschüttern lassen, denn ich habe meine Hoffnung auf dich gesetzt. Du bist mein Anker – nicht das, was hier auf der Erde passiert. Amen.

73

Schöpfe neue Hoffnung

Denn Gott wollte ihnen sagen, dass der Reichtum der Herrlichkeit dieses Geheimnisses auch für die anderen Völker bestimmt ist. Und das ist das Geheimnis: Christus lebt in euch! Darin liegt eure Hoffnung: Ihr werdet an seiner Herrlichkeit teilhaben.
Kolosser 1,27

Als Sophia die Mittelstufe abschloss, durchlebten wir gerade eine extrem seltsame Zeit. Alle taten ihr Möglichstes, um sich nicht mit Corona zu infizieren. Damit sich niemand ansteckte, veranstaltete ihre Schule eine Open-Air-Feier auf dem Parkplatz. Nick und ich – und all die anderen Familien – saßen in unseren Autos und sahen zu, wie unsere Kinder in einem Abstand von jeweils 1,80 Metern aufgereiht dastanden und darauf warteten, über die Bühne zu marschieren. Die Lehrer bemühten sich nach Kräften, das Beste aus der Situation zu machen, aber die Stimmung war trotzdem seltsam. Wir wussten alle, dass das nicht normal war. Dass schlimme Dinge passierten. Aber wir hupten und klatschen und bemühten uns, unseren Kindern Liebe, Ermutigung und Sicherheit zu vermitteln – etwas, das wir alle gerade brauchten.

Wenn die Abschlussfeier deines Kindes auch in dieser Zeit stattfand, war das für dich sicher auch eine unvergessliche Erfahrung. Es gab so viele verschiedene Möglichkeiten – im Freien oder online; es gab sogar Drive-through-Abschlussfeiern. Die Kreativität, die die Menschen auf der ganzen Welt an den Tag legten, war so manches Mal beeindruckend.

Und dennoch war es eine Zeit voller Enttäuschungen. Hochzeiten wurden verschoben. Lang geplante Reisen wurden abgesagt. Besuche in Alten- und Pflegeheimen konnten nicht stattfinden. Menschen verloren ihren Arbeitsplatz. Viele von uns machten die schreckliche Erfahrung, dass Familienmitglieder und Freunde ins Krankenhaus eingeliefert wurden und dann an einem Beatmungsgerät hingen oder es nicht schafften.

Mit Enttäuschungen umzugehen, vor allem in einer Zeit, in der wir uns überfordert fühlen, ist keine Kleinigkeit. Und das Leben während der Pandemie hat uns alle an unsere Grenzen gebracht. Aber selbst dann wussten wir, dass wir uns auf Jesus Christus verlassen können.

Es gab Phasen, die mir vor Augen führten, dass ich die Dinge ebenso wenig unter Kontrolle hatte wie alle anderen auch, aber gleichzeitig wusste ich, wer in all diesem Chaos die Kontrolle behielt. Ich hielt mich an der Hoffnung fest, die Gott uns schenkt, und vertraute darauf, dass es eine Zukunft gab. Ich wartete auf eine Veränderung, auf Lösungen und war dankbar für all das, was Regierungen, Wissenschaftler und Gesundheitsexperten auf der ganzen Welt taten, damit wir so gut wie möglich durch diese Monate hindurchkamen – und für all das, was Ärzte und Krankenschwestern leisteten, was Gemeinden taten und Nachbarn und Freunde. Aber vor allem gründete ich meine Hoffnung und meine Zuversicht auf Jesus. Denn ich wusste: Weil ich Jesus kenne, erwartet mich einmal Gottes Herrlichkeit, ein ewiges Leben nach dieser irdischen Existenz.

Lass uns das, was wir in dieser schweren Zeit gelernt haben, nicht vergessen. Aber vor allem will ich mich wieder neu auf Jesus ausrichten, denn durch ihn haben wir die Hoffnung, dass dieses Leben nicht alles ist.

Jesus, ich will mir neu bewusst machen, dass du die Hoffnung bist, die die Welt verändert. Du bist die Hoffnung, die meine Welt verändert. Durch dich habe ich die Gewissheit, dass für Gott nichts unmöglich ist! Amen.

74

Hoffen wider alle Hoffnung

Doch glücklich ist der, dem der Gott Israels hilft, der seine Hoffnung auf den Herrn, seinen Gott, setzt. Er hat Himmel und Erde gemacht, das Meer und alles, was darin ist.
Psalm 146,5–6

„Neiiiiiiiin!", rief mein ältester Bruder, als die Gewinnzahlen der Lotterie genannt wurden. „Ich hab doch meine Glückszahlen angekreuzt! Ich hoffe und bete und denke positiv! Wie kann es da sein, dass ich einfach nicht gewinne?"

Unsere Familie brach in schallendes Gelächter aus. Es fiel uns schwer, uns nicht über ihn lustig zu machen, weil er immer noch auf einen Gewinn hoffte, obwohl die Wahrscheinlichkeit dermaßen gering war.

„Na, dann viel Glück beim nächsten Mal!", neckte mein jüngerer Bruder. „Sieht so aus, als könntest du deinen Job doch noch nicht an den Nagel hängen."

Während ihn auch weitere Familienmitglieder neckten – darunter seine eigenen Kinder –, wurde mir bewusst, wie sehr er sich in diese Sache hineingesteigert hatte. Wie ernst es ihm damit war. Wie konnte er seine Hoffnungen auf etwas setzen, das dermaßen unrealistisch war?

Aber natürlich ist mir das Gleiche auch schon passiert. Ich kann mich noch daran erinnern, wie ich mir mal während der Schulzeit im Fernsehen ein Spiel meiner Lieblingsfußballmannschaft angeschaut habe. Ich habe mir so sehr gewünscht, dass sie gewinnen, dass ich unter den Küchentisch kroch und Gott anflehte, ihnen zu helfen. Rückblickend würde ich nicht gerade behaupten, dass meine Gebete biblisch waren. Ich war ehrlich, das schon, aber das Ganze hatte weniger mit Gott und meinem Glauben zu tun. Ich denke, ich war eher wie mein Bruder – ich hoffte von ganzem Herzen, dass etwas geschehen würde –, aber das war nicht die Art von Hoffnung, die von Gott kommt. Es war eher so was wie positives Denken oder Wunschdenken oder vielleicht schlicht Optimismus. Das ist alles an sich nicht schlecht, aber wenig tragfähig verglichen mit unserer Hoffnung auf Gott.

Wenn wir erwarten, dass Gott das Unmögliche möglich macht, dann setzen wir unser Vertrauen auf den Gott, auf dessen Güte und Barmherzigkeit man sich verlassen kann und dessen Verheißungen sich erfüllen.[36] Wenn wir unsere Hoffnung auf Gott setzen, setzen wir sie auf Jesus, der ein sicherer und fester Anker ist.[37] Und was noch besser ist: Als er starb, ist der Vorhang im Tempel zerrissen.[38] Was bedeutet: Wir brauchen keinen Vermittler mehr, um mit Gott in Kontakt zu treten. Wir können uns direkt an ihn wenden, unsere Quelle der Hoffnung. Er ist derjenige, der uns hilft durchzuhalten.

Worauf hoffst du gerade? Einen Lottogewinn? Dass deine Fußballmannschaft gewinnt? Lass uns unsere Hoffnung an etwas festmachen, das tragfähiger ist. Lass sie uns auf denjenigen setzen, der Himmel und Erde geschaffen hat und für den auch das Unmögliche möglich ist.

Vater, danke, dass bei dir nichts unmöglich ist und dass meine Hoffnung niemals vergebens ist, wenn ich sie an dir festmache. Amen.

75

Lass dich nicht vom Eigentlichen abbringen

Aber weil Christus in seinem menschlichen Leib den Tod auf sich nahm, hat Gott jetzt mit euch Frieden gemacht. Als sein heiliges Volk steht ihr jetzt rein und fehlerlos vor ihm da. Ihr müsst jedoch im Glauben fest und unerschütterlich bleiben und dürft euch nicht von der Hoffnung abbringen lassen, die euch durch die Gute Nachricht gegeben ist.
Kolosser 1,22–23 (Gute Nachricht)

Bist du schon mal von etwas oder jemandem so überrumpelt worden, dass du selbst kaum fassen konntest, wie erschüttert du warst? Wie enttäuscht? Mir selbst ist das mehr als ein Mal passiert. Manchmal musste ich erschrocken feststellen, dass ich meine Zuversicht unbemerkt von völlig banalen Dingen abhängig gemacht hatte.

Um mal ein Beispiel zu nennen: Als unsere Mädchen noch klein waren, hatten Nick und ich bei Flugreisen eine feste Routine entwickelt. Wenn wir zum Gate kamen, um dort einzuchecken, mühte sich Nick mit all den Rucksäcken ab, während ich loslief, um Kaffee für uns zu holen. Bei einer dieser Reisen vereinbarten Nick und ich nach einem Blick auf die Uhr, dass er mit den Mädchen schon mal an Bord gehen würde, während ich noch den üblichen Kaffeegang erledigte. Ich war so stolz auf mich, als ich wieder am Gate ankam und sogar noch etwas Zeit hatte. Aber als ich vom Terminal aus auf die Fluggastbrücke wollte, hielt mich eine Mitarbeiterin der Fluggesellschaft, die am Eingang stand, zurück und meinte, dass ich nicht mehr auf die Maschine könnte.

Zuerst war ich verwirrt. Ich versuchte zu verhandeln und erklärte ihr dann, dass mein Mann und meine Kinder bereits im Flugzeug saßen … und dass die Tür zum Flieger noch offen stand … und dass es meiner Ansicht nach gegen keine Vorschrift verstieß, mich an Bord zu lassen.

Sie machte jedoch keine Anstalten nachzugeben, und meine Verwirrung verwandelte sich zunächst in Schock, dann in Unglauben und schließlich in einen Tränenfluss. Ich flehte sie an. Wie konnte sie mich nicht in den Flieger lassen? Ich war doch nicht zu spät. Ich hatte zwei kleine Kinder. Und war es denn so schwer zu verstehen, dass wir vor dem Abflug noch einen Schuss Koffein brauchten?

Ich werde nie vergessen, wie ich mich damals gefühlt habe. Hilflos. Verzweifelt. Hoffnungslos. Ich weiß, es ging nur darum, einen Flieger zu erreichen, aber das ist es ja gerade. Es war etwas absolut Alltägliches und trotzdem fühlte ich mich wirklich hilflos.

Schließlich durfte ich doch an Bord, aber wie ist es möglich, dass alltägliche Dinge die Macht haben, uns alle Hoffnung zu rauben? Uns in Panik zu versetzen? Oder total zu deprimieren?

Wenn wir durchhalten und unseren Lauf erfolgreich beenden wollen, brauchen wir eine Form von Hoffnung, die durch nichts zu erschüttern ist, denn unsere Hoffnungen werden oft zerstört. Dafür wird das Leben schon sorgen.

Welche Pläne hast du für heute? Was auch immer du vorhast: Verlass dich auf Jesus und nicht auf deine Pläne. Achte darauf, dass er dein Fundament ist und nicht irgendetwas, das wenig tragfähig ist.

Jesus, was auch immer heute in meinem Leben geschieht – ob die Dinge nach Plan verlaufen oder nicht –, ich will nicht aufgeben, denn ich hoffe allein auf dich. Amen.

Teil 4

LIEBE – GOTTES HEILENDER BALSAM

Wenn es keine Berge gäbe, wären wir vielleicht erleichtert, weil wir keine mühevollen Aufstiege bewältigen müssten. Aber wir würden auch den Rausch verpassen, auf dem Gipfel zu stehen. Es wäre ein schlechter Tausch, denn das Fehlen der Mühen würde uns letztendlich des Lebens berauben.

Craig D. Lounsbrough

76

Willst du gesund werden?

Als Jesus ihn sah und erfuhr, wie lange er schon krank war, fragte er ihn: „Willst du gesund werden?“
Johannes 5,6

Was für eine Frage! Da ist ein Mann, der schon länger am Teich Bethesda gelegen hat, als Jesus überhaupt auf der Welt ist, und Jesus stellt ihm doch tatsächlich die Frage: „Willst du gesund werden?“ Mir ist beim Lesen der Evangelien aufgefallen, dass Jesus oft Fragen stellt, und so wie es aussieht, verfolgt er dabei immer einen bestimmten Zweck.

Was wäre, wenn Jesus in diesem Fall eigentlich eine viel tiefgründigere Frage stellt? Was wäre, wenn er den Mann in Wirklichkeit fragt, ob er in jeder Hinsicht geheilt werden will – nicht nur körperlich?

Wir gewöhnen uns so schnell an Einschränkungen, an die vielen Bereiche, in denen wir, wenn wir ehrlich sind, eigentlich geistliche Heilung bräuchten, nicht wahr? Wir gewöhnen uns daran, uns gewissermaßen durch unsere Verletzungen zu definieren. Wir nehmen Rücksicht darauf. Sind nicht immer bereit, den Preis für Veränderung zu bezahlen. Jesus weiß, wie leicht wir uns mit viel weniger zufriedengeben, als er uns eigentlich schenken will.

Ich habe auch schon mal den Eindruck gehabt, dass Jesus *mir* diese Frage stellt. Nicht mit hörbarer Stimme, aber in meinem Herzen. Und ich wusste, dass er es tat, weil er mein Herz heilen wollte.

Stellt er uns nicht allen solche Fragen?

Wenn wir uns danach sehnen, den Mann fürs Leben zu finden,

wird er uns vermutlich die Frage stellen: *Bist du bereit, dich so verletzlich zu machen und so offen und ehrlich zu sein, wie es für eine solche Beziehung nötig ist?*

Wenn wir uns danach sehnen, voranzukommen, wird er uns mit großer Wahrscheinlichkeit die Frage stellen: *Bist du wirklich bereit, die Vergangenheit hinter dir zu lassen und den Menschen zu vergeben, die dich verletzt haben?*

„Ja" ist in diesen Fällen sicher die richtige Antwort – aber das bedeutet, dass wir zu so vielem anderen auch Ja sagen müssen. In seiner Antwort erzählt der Mann vom Teich Bethesda Jesus von all seinen Einschränkungen und behauptet, dass er deshalb niemals rechtzeitig in den Teich gelangen kann … wenn der Engel, wie die Überlieferung damals lehrte, das Wasser bewegt und so Heilung möglich ist. Jesus ignoriert seine Antwort und weist ihn stattdessen an, aufzustehen, seine Matte zu nehmen und zu gehen. Jesus heilt den Mann trotz seiner eher ausweichenden Antwort.

Der Name „Bethesda" bedeutet wörtlich übersetzt „Haus der Barmherzigkeit" im Hebräischen und „Haus der Gnade" im Aramäischen. Als Jesus den Mann heilt, erweist er ihm genau das: Gnade und Barmherzigkeit. Und wenn Jesus *uns* heilt, begegnet er uns mit derselben Gnade und Barmherzigkeit.

Willst du gesund werden? Geistlich gesehen? Heute? Das ist eine Frage, die Jesus uns in unserem Leben immer wieder stellt. Er weiß: Je „heiler" wir sind, desto mehr werden wir in der Fülle dessen leben, was er uns schenken will. Lass uns ihm jedes Mal auf dieselbe Weise antworten. Mit einem lauten, deutlichen „Ja!".

Ja, Jesus, ich will gesund werden. Ich möchte, dass du jeden Winkel meines Herzens heilst, jede Stelle, an der es gebrochen ist. Danke, dass du mich heilen willst. Amen.

77

Mach dich auf den Weg

Am Berg Horeb hat der Herr zu uns gesprochen. Er sagte: „Jetzt seid ihr lange genug hier gewesen. Brecht eure Zelte ab und macht euch auf den Weg ins Land Kanaan.“
5. Mose 1,6–7 (Hoffnung für alle)

Kannst du dir vorstellen, was in den Israeliten vorgegangen ist, als sie die Sklaverei in Ägypten hinter sich gelassen hatten, dann aber feststellen mussten, dass die Armee des Pharaos hinter ihnen her war? Und als sie dann trockenen Fußes das Rote Meer durchquerten und bald darauf mitansahen, wie die Wassermassen die Pferde und Wagen, die ihnen nachjagten, unter sich begruben? Kein Wunder, dass sie zu dem Zeitpunkt, als sie es bis zu dem Berg geschafft hatten, wo Mose ihnen die Zehn Gebote gab, gern mal eine Zeit lang an einem Ort bleiben wollten. Ich weiß: Wenn ich an ihrer Stelle gewesen wäre und all diese nervenaufreibenden Abenteuer erlebt hätte, hätte ich auch gern mal für eine Weile mein Zelt aufgeschlagen, und es hätte mir nicht das Geringste ausgemacht, gar nicht mehr weiterzuziehen.

Aber es kam der Tag, an dem Gott ihnen mitteilte, dass sie lange genug an diesem Berg gelagert hatten. Dass es Zeit war, aufzubrechen und ihre Reise fortzusetzen. Sie hätten ja einfach dortbleiben können, wo sie waren, denn sie waren keine Sklaven der Ägypter mehr, doch der beste Teil der Reise stand ihnen noch bevor. Das verheißene Land lag noch vor ihnen.

Bist du auch schon mal so erleichtert gewesen, dass du nicht mehr dort warst, wo du zuvor gewesen bist, dass du eigentlich kein

Interesse mehr daran hattest, dorthin zu gehen, wohin Gott dich letztendlich bringen will? Mir ist das schon passiert. Ich hatte etwas Schweres durchgemacht und war wieder in ruhigeres Fahrwasser gelangt, spürte aber trotzdem weiterhin Spuren von Ärger, Bitterkeit, Unversöhnlichkeit oder Verletzung. Ich war, froh, dass ich zur Ruhe gekommen war, aber Jesus möchte mehr als das: Er will mir innere Heilung schenken und mich so in die Freiheit – in mein „geistliches" verheißenes Land – führen.

Darum flüstert er jedem von uns liebevoll ins Ohr: „Du bist lange genug an diesem Berg gewesen. Nun ist es Zeit, dass du dich von mir vollkommen heilen lässt."

Wenn es dir gerade so geht, dann wäre doch heute genau der richtige Tag, um die Zelte abzubrechen und dich wieder auf den Weg zu machen. Was auch immer der Grund dafür ist, dass du so lange hiergeblieben bist: Sprich mit Jesus darüber. Bitte ihn, dein wundes Herz zu heilen. Und was auch immer er dir daraufhin zeigt: Tu es, damit du in dein verheißenes Land weiterziehen kannst – jenen Ort, an dem du all die Absichten erfüllen kannst, die er liebevoll für dich geplant hat.

Jesus, bitte heile das, was ich aus eigener Kraft nicht überwinden kann. Zeig mir, wie ich all das tun kann, wozu du mich einlädst. Hilf mir, meine Reise wieder aufzunehmen und das Leben in Fülle zu genießen, das du mir schenken willst. Amen.

78

Gott liebt dich und hat dich erwählt

Nicht ihr habt mich erwählt, ich habe euch erwählt.
Johannes 15,16

„Christine?", fragte meine Mutter. „Würdest du gern die ganze Wahrheit wissen?" Ich hatte gerade die Hand nach der Balata ausgestreckt, als Mum mir diese vielsagende Frage stellte, und irgendwie wusste ich schon, was sie mir sagen wollte. Während ich in ihrem Blick nach einer Antwort suchte – und jede andere wäre mir lieber gewesen als die, die ich vermutete –, hörte ich mich selbst sagen: „Ich bin auch adoptiert."

Ich war eine verheiratete dreißigjährige Frau, und ich hörte zum ersten Mal, dass mein älterer Bruder und ich adoptiert waren. Dass ich nicht diejenige war, die ich zu sein geglaubt hatte. Das Komische ist, dass von all dem, was ich nun hätte sagen können, es ausgerechnet die Worte waren: „Bin ich trotzdem noch Griechin?"

Die unfreiwillige Komik dieser Situation sorgte für Erleichterung, genau das, was wir an einem der schwierigsten Tage unseres Lebens brauchten. Und was ich dann sagte, erstaunte mich noch viel mehr. Es spiegelte das zurückliegende Jahrzehnt meines Lebens wider – Jahre, in denen ich die Bibel studiert, Jesus mein Leben anvertraut und ihm erlaubt hatte, in meinem Inneren immer mehr Heilung zu bewirken.

„Bevor ich im Schoß meiner Mutter gebildet wurde – wessen Schoß das auch immer war –, kannte Gott mich schon. Er hat meinen Körper geformt und alle meine Tage in sein Buch geschrieben, bevor der erste von ihnen begann. Ich bin herrlich und ausgezeichnet gemacht. Auch wenn ich gerade erst erfahren habe, dass ich adoptiert wurde, hat Gott das schon immer gewusst, und er hat mich schon immer geliebt. Und weil sich das nicht geändert hat, hat sich nichts verändert. Ich bin vielleicht nicht die, die ich zu sein glaubte, aber ich bin immer noch diejenige, die ich in Gottes Augen bin. Und mehr als das: Ich bin geliebt. Und ich gehöre zu ihm."

Meine Mum war von dem, was ich sagte, ebenso überrascht wie ich, aber es war *die Wahrheit.* Und es war die Grundlage dafür, wie ich in den darauffolgenden Monaten meine Gefühle im Hinblick auf das sortieren würde, was meine Eltern mir verheimlicht hatten. An jenem Tag sagte meine Mum einen ganz wunderbaren Satz. Ihre Worte waren wie heilender Balsam: „Ich liebte dich schon, bevor ich dich kannte."

Bis zum heutigen Tag bedeuten mir diese Worte viel. Sie kamen aus dem Herzen einer Mutter, die mich wissen ließ, dass sie sich nach mir gesehnt und mich ausgewählt hatte, bevor sie mich überhaupt gesehen hatte. Wenn ich an diese Worte denke, kann ich nicht umhin, an meinen himmlischen Vater zu denken – der mich auch schon immer gewollt hat. Der mich auserwählt hat, lange bevor meine Mutter es tat. Der dich ausgewählt hat, lange bevor du dich für ihn entschieden hast.

Lass dich heute auf Gottes Liebe ein. Lass dich von ihr einhüllen. Glaube daran, dass seine Liebe der entscheidende Faktor ist, der dir die Kraft gibt, dein Leben im festen Vertrauen auf ihn zu leben. Es gibt nichts, das dich von ihm und seiner Liebe trennen kann.

Himmlischer Vater, lass das Wissen tief in mein Herz sinken, dass du mich erwählt hast. Dass du mich an jedem einzelnen Tag meines Lebens geliebt hast. Hülle mich in deine Liebe ein, damit ich sie heute den ganzen Tag lang spüren kann. Amen.

79

Geh noch eine Runde

Dein Heer soll die Stadt einmal am Tag umrunden. Das soll sechs Tage lang geschehen. Dabei sollen sieben Priester vor der Lade hergehen, und jeder von ihnen soll ein Widderhorn tragen. Am siebten Tag sollt ihr die Stadt siebenmal umrunden und die Priester sollen in die Hörner stoßen.
Josua 6,3–4

Wenn ich die Geschichte lese, in der davon berichtet wird, dass die Israeliten an sieben Tagen um die Stadt Jericho herumgezogen sind, um dadurch letztendlich die Stadtmauern zum Einsturz zu bringen, sehe ich ein Volk vor mir, das auf der langen Reise Durchhaltevermögen entwickelt hat. Im Glauben gewachsen ist. Sich auf das vorbereitet hat, was Gott ihm schenken wollte. Und ich kann nicht umhin, meinen eigenen Weg vor mir zu sehen.

Bei allen Aufgaben, die Gott mir anvertraut hat, musste ich ebenfalls die eine oder andere Runde laufen. Nicht im körperlichen Sinne, sondern in geistlicher Hinsicht. Ich musste so einige Glaubensrunden drehen. Immer wieder habe ich die Erfahrung gemacht, dass ich Gott vertrauen musste, obwohl nichts geschah. Ich musste so lange warten, wie es eben dauerte, bis er mir Antworten gab. Bis etwas geschah. Bis die nötigen Ressourcen da waren. Und mit jeder Runde ist mein Glaube gewachsen und ich habe mehr Durchhaltevermögen entwickelt.

Und war es bei den Israeliten nicht genauso? Gott hätte ja die Stadtmauer gleich am ersten Tag, an dem sie sie umrundeten, einstürzen lassen können. Aber er hat es nicht getan. Er hätte die

Stadtmauer am zweiten Tag einstürzen lassen können, nach ihrer zweiten Runde. Er hätte die Stadtmauer am dritten Tag einstürzen lassen können, nach der dritten Runde. Er ist schließlich Gott. Und er wäre auch in der Lage gewesen, sie ohne ihre Mitwirkung einstürzen zu lassen. Aber er hat es nicht getan. Die Mauer stürzte erst am siebten Tag ein, nachdem sie sieben Runden gedreht hatten.

Ich frage mich, wie erschöpft und entmutigt sie zu diesem Zeitpunkt wohl waren. Ich frage mich, wie oft sie am liebsten aufgegeben und Josua gesagt hätten, dass dieses Vorgehen einfach nur absurd war. Aber sie gingen eine Runde nach der anderen.

Worauf wartest du gerade? Was erträgst du gerade? Tu das, was auch die Israeliten getan haben: Geh eine weitere Runde. Tu das, was ich bei jedem Auftrag getan habe, den Gott mir anvertraut hat. Geh eine weitere Runde. Oft bereitet Gott uns erst auf das vor, was er für uns geben will. Die Israeliten hatten noch so viel vor sich. Ja, sie hatten es in das verheißene Land geschafft, aber Jericho war erst der Anfang von dem, was sie noch erleben und bewältigen mussten, um das Land in Besitz zu nehmen, das Gott ihnen geschenkt hatte.

Könnte es sein, dass Gott in deinem Leben im Moment gerade etwas Ähnliches tut? Bist du vielleicht gerade mit einer Herausforderung konfrontiert, die deinen Glauben vertieft und dir hilft, mehr Durchhaltevermögen zu entwickeln? Gib nicht auf. Geh vertrauensvoll weiter. Geh eine Runde nach der anderen. Denn eines Tages, irgendwann, wirst du bei Tag sieben und Runde sieben ankommen, und die Mauern deines „Problems“ werden einstürzen.

Himmlischer Vater, ich danke dir, dass du mir Kraft schenkst, wenn ich mich kraftlos fühle. Hilf mir, eine weitere Runde zu gehen und noch eine, so viele, wie nötig sind, damit ich bereit bin für all das, was du für mich bereithältst. Amen.

80

Eine göttliche Herz-OP

Der Herr ist allen nahe, die verzweifelt sind;
er rettet die, die den Mut verloren haben.
Psalm 34,19

Einige Monate nachdem meine Mutter gestorben war, erlebte ich etwas Seltsames: Während ich um sie trauerte und sie vermisste, stellte ich ganz unerwartet fest, dass ich auch um meine leibliche Mutter trauerte. Ich hatte sie niemals kennengelernt und seit Jahren nicht mehr an sie gedacht. Ich weiß noch, wie überrascht ich war, dass es da in meinem Herzen ein Eckchen gab, von dem ich nie etwas geahnt hatte – bis zu dem Tag, an dem es mir bewusst wurde. Bis zu dem Tag, an dem der Heilige Geist es mir zeigte.

Es war so seltsam, dass ich an jenem Tag an sie dachte. So aufwühlend. Und doch begriff ich, dass Gott selbst den Finger in diese Wunde legte, um mir zu zeigen, dass er mein Herz wirklich heilen wollte. Erst als er mir zeigte, dass ich um zwei Mütter trauerte, nicht nur um eine, wurde mir klar, dass da noch nicht alles geheilt war. Ich war so dankbar, das zu erleben, was der Psalmist hier schreibt: dass Gott denen nahe ist, die verzweifelt sind. Dass er alle rettet, die „ein zerschlagenes Gemüt" (Luther) haben. Es bedeutete mir viel zu begreifen, dass Gott so viel an mir lag, dass er mit mir war und dass er mir wieder einmal Trost und Heilung schenken wollte.

Vielleicht hast du auch schon solche überraschenden Entdeckungen gemacht. Es ist wichtig, dass wir sie nicht ignorieren oder verdrängen, sondern uns damit an Jesus wenden. Ich habe die Erfahrung gemacht, dass die Wunden in unserem Herzen – diese unerträglichen Schmerzen, die wir oft mit uns herumtragen, manchmal ohne uns ihrer bewusst zu sein – ebenso viel Pflege und Heilung brauchen wie unsere körperlichen Verletzungen. Und ich musste feststellen: Sie können jahrelang unbemerkt schwären. Vielleicht gehen sie darauf zurück, dass jemand etwas Unbedachtes gesagt oder etwas Gedankenloses getan hat. Vielleicht wurden sie uns von einem Lehrer, einer Mentorin, einem Gemeindeleiter, einer Freundin oder dem Ehepartner zugefügt. Vielleicht hängen sie eng mit unserer Biografie zusammen, mit unserer Herkunft, unserer ethnischen Zugehörigkeit oder unserer Hautfarbe. Wenn wir Jesus nicht um Hilfe bitten, sobald wir darauf aufmerksam werden, werden sie sich irgendwann entzünden und eitern.

Unsere Verletzungen können sich zum Beispiel in Form von Angst, Unsicherheit, Scham, Bitterkeit, Enttäuschung oder Wut äußern. Sie können uns dazu bringen, anderen unsere Liebe, unsere Nachsicht, unser Mitgefühl oder unsere Vergebung vorzuenthalten oder dazu führen, dass wir neidisch sind.

Als ich erkannte, dass ich um meine beiden Mütter trauerte, wollte ich das nicht ignorieren. Ich wollte nicht, dass diese Wunden zu eitern begannen und sich negativ auf mein Leben und meine Mitmenschen auswirkten. Ich wollte Jesus einladen, mich ein weiteres Mal zu heilen.

Hat Gott dich auf eine Verletzung hingewiesen, von der du bislang gar nichts wusstest? Sprich mit ihm darüber. Er ist denen nahe, die verzweifelt sind. Er rettet alle, die den Mut verloren haben. Darum lade ihn in diese Erfahrung ein.

Jesus, ich bitte dich, jeden Winkel meines Herzens zu heilen, in dem etwas schmerzt oder zerbrochen ist. Bitte mach mich ganz heil. Amen.

81

Wie Gott uns sieht

Also ging Naaman hinab an den Jordan und tauchte sich sieben Mal unter, wie der Mann Gottes es ihm befohlen hatte. Da wurde seine Haut so gesund wie die eines kleinen Kindes und er war geheilt.
2. Könige 5,14

Ich hatte Jesus mein Leben schon lange anvertraut, als ich es endlich wagte, mein verletztes Herz zu öffnen und zuzulassen, dass die Menschen, die mir wichtig waren, mir wirklich näherkamen. Viele Jahre hatte ich alle aus Selbstschutz auf Abstand gehalten. Aber als Nick in mein Leben trat, war er entschlossen, meine Mauern zu überwinden.

Ich erinnere mich noch gut daran: Wir befanden uns noch in der Phase des Kennenlernens, als er eines Abends das Thema auf den Tisch brachte. Er spürte, dass ich manchmal bereit war, ihm zu vertrauen, ihn aber dann wieder von mir wegstieß. Er wusste, dass sich etwas ändern musste, wenn wir unsere Beziehung vertiefen wollten. Ich wusste das auch, aber damals gab es in meinem Leben nichts, was mir mehr Angst machte, als einem anderen Menschen zu vertrauen.

Nachdem er mich mit meinem widersprüchlichen Verhalten konfrontiert hatte, kroch ich schließlich aus meinem Schutzpanzer heraus und erzählte ihm alles über meine Vergangenheit und all die Gewalt und den Missbrauch, die ich erlebt hatte. Ich hatte mich in meinem Leben noch nie so verletzlich gemacht und hatte keine Ahnung, ob unsere Beziehung eine derartige Ehrlichkeit überstehen würde. Aber Nicks Antwort sagte mir alles, was ich jemals über ihn würde wissen müssen. Er zog mich in die Arme und ließ mich nicht mehr los. Er liebte mich von ganzem Herzen, und er war bereit, mich auf dem Weg der Heilung zu begleiten.

Es hat mir in den vergangenen Jahren viel bedeutet, dass Nick eines versteht: Meine Heilung – und seine und deine und die jedes Menschen auf diesem Planeten – ist ein Prozess. In den seltensten Fällen wird jemand über Nacht geheilt. Die biblische Geschichte von Naaman, einem mächtigen Befehlshaber aus dem Alten Testament, der an Lepra erkrankt war, bringt das für mich sehr gut zum Ausdruck. Naaman war auf der Suche nach einem Heilmittel, und der Prophet Elisa teilte ihm mit, wenn er sieben Mal im schlammigen Jordan untertauchen würde, würde er geheilt werden. Nein, er konnte nicht zu einem romantischeren Flüsschen gehen, in dem klareres Wasser floss, und nur ein Mal untertauchen. Er musste zum Jordan gehen und sich dort immer und immer und immer wieder baden – sieben Mal. Für mich ist diese Geschichte ein Sinnbild dafür, dass Heilung einerseits ein komplexer Prozess ist, andererseits manchmal aber auch eine Entscheidung, wie im Fall von Naaman. Eine Entscheidung, die wir alle treffen müssen. Vor allem, wenn wir es schaffen wollen, am Glauben festzuhalten.

Wenn wir Gott unsere zerbrochenen, verwundeten Herzen hinhalten, wird er uns heilen und wiederherstellen. Auch wenn das „sieben Mal" oder länger dauert: Gott wird sein Werk in uns tun. Wenn er uns anschaut, dann sieht er nicht diejenigen, die wir gerade sind, sondern die Menschen, als die er uns erschaffen hat. Gesund und heil.

Vater, bitte hilf mir, mich geduldig auf diesen Heilungsprozess einzulassen. Ich sehne mich in jedem Bereich meines Herzens nach Heilung. Hilf mir durch diesen manchmal chaotischen Prozess hindurch. Amen.

82

Jesus heilt alle Wunden

Er heilt gebrochene Herzen und verbindet Wunden.
Psalm 147,3

Eines Tages trat Nick hinkend und mit einer blutenden Wunde am Bein durch unsere Haustür. Er war mit dem Kopf voran über den Lenker seines Mountainbikes geflogen. Nick hatte gerade damit begonnen, für seine erste Teilnahme am *Cape Epic* in Südafrika zu trainieren, als er sich irgendwo nach einem fast perfekten Sturzflug eine Schnittwunde am Bein zuzog – wir wissen nicht, ob am Fahrrad oder an einem Stein – und unter Mühen den Heimweg schaffte.

Nachdem ich ihm geholfen hatte, zur Kücheninsel zu humpeln, untersuchten wir umgehend, ob wir die Wunde selbst reinigen und verbinden konnten oder ob wir wieder nach draußen zum Auto hinken und in die Notaufnahme fahren mussten. Mir wird regelmäßig schlecht, wenn ich Blut sehe, aber während wir uns die Wunde anschauten, versuchte ich, mich zusammenzureißen.

Wir beschlossen, dass wir das selbst hinbekommen würden, reinigten die Wunde, trugen eine antibakterielle Salbe auf und verbanden das Bein gut. Während der nächsten Wochen versorgten wir die Wunden mehrmals täglich. Und während wir das taten, musste ich oft an all die verschiedenen Verletzungen denken, die wir uns zuziehen können, besonders diejenigen in unserem Herz. Bei manchen handelt es sich bloß um Kratzer oder blaue Flecken, die nur wenige Tage sichtbar sind. Zum Beispiel, wenn wir nicht zu einer Feier eingeladen werden oder wenn man uns von etwas ausschließt. Wenn wir übergangen oder ausgegrenzt werden. Wenn man uns missversteht oder unsere Worte verdreht. Wenn jemand etwas Gedankenloses sagt und wir wütend werden oder anfangen, an uns selbst zu zweifeln.

Ich dachte auch an die Verletzungen, die tiefer gehen und etwas länger brauchen, um zu heilen. Wie all die Male, in denen ich mich ungerecht behandelt fühlte, zum Beispiel, wenn ich als Kind wegen meiner Herkunft beschimpft wurde, weil ich Ausländerin war, die Tochter griechischer Einwanderer. Wenn ich nur deshalb anders behandelt wurde, weil ich eine Frau bin. Wenn jemand mich wegen meines Alters ausgegrenzt hat, weil ich noch zu jung und – später – schon zu alt war.

Ich erinnere mich aber auch an Verletzungen, die so tief und schmerzhaft waren, dass ich dachte, sie würden niemals heilen – wie die Schnittwunde an Nicks Bein. Und doch: Als ich Jesus bat, diese Verletzungen zu versorgen und zu verbinden, so wie wir Nicks Wunde versorgten und verbanden, heilten sie schließlich doch. Es ist so viel leichter, mit all dem fertigzuwerden, was im Leben eben so auf uns zukommt, wenn unser Herz geheilt wurde.

Hast du eine Herzenswunde, die versorgt werden müsste? Die verbunden werden müsste, damit sie heilen kann? Dann habe ich eine gute Nachricht für dich: Jesus heilt gebrochene Herzen. Er verbindet unsere Wunden. Es gibt nichts, das er nicht heilen kann.

Jesus, bitte kümmere dich um meine Verletzungen – diejenigen, von denen ich weiß, und diejenigen, derer ich mir noch nicht bewusst bin. Lass deine Gnade und Liebe an die Stellen fließen, an denen ich so zerbrochen bin. Amen.

83

Ein bisschen deutlicher, bitte!

Jesus nahm den Blinden an der Hand … Dann spuckte er dem Mann auf die Augen, legte ihm die Hände auf und fragte: „Siehst du etwas?" Der Mann sah sich um. „Ja", sagte er. „Ich sehe Menschen, aber nicht sehr deutlich. Sie sehen aus wie umhergehende Bäume."
Markus 8,23–24

Jedes Mal, wenn ich die Geschichte lese, in der davon erzählt wird, dass Jesus dem Mann auf die Augen spuckt, dreht sich mir der Magen um. Ich habe eine Keimphobie, und deshalb wäre mir lieber gewesen, wenn Jesus irgendeine andere Methode angewendet hätte. Aber manchmal hat Jesus die Dinge auf eine seltsame Weise getan, und das war eine dieser Situationen. Und das Erstaunliche: Obwohl Jesus den Mann heilt, geschieht das nicht von einem Augenblick auf den anderen, wie wir vielleicht erwarten würden. Es scheint eher ein Prozess gewesen zu sein, denn nachdem Jesus dem Mann auf die Augen gespuckt und ihm die Hände aufgelegt hat, fragt er ihn: „Siehst du etwas?"

Warum stellt Jesus denn eine solche Frage? Weiß er etwa nicht, ob seine Heilungskraft gewirkt hat oder nicht? Ich bin sicher, dass Jesus die Antwort auf die Frage kannte, aber er stellt sie trotzdem. Der Mann antwortet, dass er die Menschen nicht klar erkennen kann. Es könnten genauso gut Bäume sein. Mit anderen Worten: Er konnte schon etwas sehen, aber nicht deutlich. Das Bild war ein bisschen verschwommen.

Ich kann nicht umhin zu denken, dass es uns oft ähnlich geht.

Dass es auch in unserem Leben Situationen gibt, in denen wir zwar nicht wirklich blind sind, aber auch nicht richtig sehen können. In denen wir zwar noch nicht geheilt sind, aber schon auf dem Weg dahin – und wir brauchen einfach noch eine Portion Heilungskraft. Die gute Nachricht für uns alle ist: Wo auch immer wir in dieser Hinsicht stehen – Jesus lässt uns nicht in diesem Zwischenstadium, ebenso wenig, wie er den Mann in diesem Zwischenstadium gelassen hat. Er überwacht unseren Fortschritt. Er kümmert sich um unsere Wunden. Und er lädt uns dazu ein, mehr Heilung zu empfangen.

Als der Mann antwortet, dass er nicht klar sehen kann, legt Jesus ihm die Hände ein weiteres Mal auf die Augen, und nun ist sein Augenlicht völlig wiederhergestellt. Ich finde es so interessant, dass die Heilung dieses Mannes nicht unmittelbar erfolgte, sondern schrittweise. Ist das nicht oft auch bei uns der Fall? Manchmal steckt das, was Heilung braucht, so tief in uns und tut so weh, dass es einige Zeit dauern kann, bis wir völlig geheilt sind. Ich habe selbst auch schon solche schrittweisen Heilungsprozesse erlebt und weiß, dass Jesus jede Verletzung heilen kann.

Gibt es etwas in deinem Leben, das zwar schon ein bisschen geheilt ist, aber noch nicht so richtig? Als Jesus den Mann fragt, ob er sehen kann, gibt ihm dieser eine ehrliche Antwort. Ist es nicht befreiend zu lesen, dass es in Ordnung ist, ganz offen zuzugeben, dass die Schmerzen und die Sorgen oder Ängste noch nicht weg sind? Und das so lange, bis wir völligen Frieden verspüren und ganz geheilt sind?

Lass uns Jesus einladen, uns zu heilen. Schließlich kann es keinem von uns – ebenso wie dem Mann in dieser Geschichte – schaden, noch ein bisschen besser zu sehen.

Jesus, ich danke dir, dass du mich heilen willst. Bitte lass deine Heilungskraft in alle Bereiche meines Lebens strömen, in denen ich noch irgendwelche Verletzungen habe. Amen.

84

Ein geheiltes Herz

Wovon das Herz erfüllt ist, das spricht der Mund aus!
Matthäus 12,34 (Hoffnung für alle)

Als ich meinen geistlichen Dienst begann, sagte eine meiner Mentorinnen zu mir: „Vergiss eines nicht: Die Menschen, die Gott dir über den Weg schickt, damit du ihnen hilfst, sind auch genau die Menschen, die du verletzen könntest. Sei also klug und behandle die Leute immer gut."

Als sie das sagte, gab es so etwas wie das Internet oder die sozialen Medien noch gar nicht. Wir schrieben Briefe oder schickten Faxe – so hatten wir Zeit, darüber nachzudenken, was wir sagen wollten. Wir konnten in Ruhe überlegen und reagierten nicht spontan. Ich erinnere mich sogar noch daran, dass ich für meine Korrespondenz gebetet habe – für jedes Wort, jeden Satz, jeden Absatz und jede Seite. Heute geht durch das Internet alles viel schneller: Sobald uns etwas durch den Kopf geht, haben wir auch schon eine E-Mail oder eine Textnachricht übers Handy geschickt. Ratzfatz haben wir etwas gepostet, ohne groß darüber nachzudenken, und wenn wir schlecht gelaunt sind, schreiben wir oft Dinge aus dem ersten Impuls heraus, statt uns von Liebe, Nachsicht und Weisheit leiten zu lassen.

Obwohl meine Mentorin mich gewarnt hatte, habe ich manchmal in den sozialen Medien unüberlegt Dinge gepostet, wenn ich eine schwierige Zeit hatte oder verletzt worden war. Glücklicherweise hatte ich Freunde, die meine Posts sahen und ahnten, dass ich sie aufgrund einer Verletzung geschrieben hatte. Sie riefen mich an und rieten mir liebevoll, die Posts zu löschen, und genau das tat ich dann auch. Es ist so wichtig, dass wir Menschen in unserem Leben haben, die mutig und ehrlich sind und denen wir so sehr am Herzen liegen, dass sie versuchen, uns vor uns selbst zu schützen.

Durch meine Fehler habe ich gelernt, lange und intensiv nachzudenken und zu beten, bevor ich etwas poste, denn ich möchte den Menschen helfen, heil zu werden. Ich möchte ihre ohnehin schon schmerzenden Verletzungen nicht noch verschlimmern. Und ich habe gelernt, einen ehrlichen Blick in mein Herz zu werfen, denn das ist die Quelle, aus der alle meine Worte und Posts entspringen. Und hat Jesus nicht genau das gesagt: Unser Mund spricht das aus, was in unserem Herzen ist?

Wenn wir Dinge sagen wollen, die heilsam sind und nicht verletzen – und das gilt auch für unsere Posts in den sozialen Medien –, dürfen wir Jesus einladen, erst einmal unser Herz zu heilen. Dann werden Worte aus uns herausfließen, die Leben spenden, die voller Mitgefühl und Nachsicht sind.

Sei ehrlich: Was bewirken deine Worte heute? Verletzen sie oder heilen sie? Lass uns lernen, überlegter und weniger spontan zu reagieren. Das wird uns helfen zu erkennen, dass unsere verletzenden Worte – wenn wir am liebsten eine bissige Antwort geben, negative Dinge sagen, andere verurteilen oder etwas posten würden, das uns nur noch mehr entzweit – oft das Ergebnis eigener Verletzungen sind. Und lass uns Jesus einladen, uns weiter zu heilen, damit wir anderen mit Liebe, Ermutigung und Freundlichkeit begegnen. Damit wir Dinge sagen, die Leben spenden und voller Nachsicht sind. Worte, die aus einem geheilten Herzen strömen.

Jesus, bitte heile das in mir, was dazu führt, dass ich andere verletze, statt zu ihrer Heilung beizutragen. Hilf mir, besonnener zu reden und zu posten. Amen.

85

Liebe, die nie vergeht

Wir haben erkannt, dass Gott uns liebt, und wir vertrauen fest auf diese Liebe. Gott ist Liebe, und wer in dieser Liebe bleibt, der bleibt in Gott und Gott in ihm.
1. Johannes 4,16 (Hoffnung für alle)

Eine Freundin von mir hat einmal gesagt: Das, was wir in einem Abschnitt unseres Lebens nicht bewältigen, nehmen wir in den nächsten mit. Für mich bedeutet das: Alle Verletzungen, die wir in einer Lebensphase davongetragen haben, werden uns in die nächste folgen, wenn wir sie nicht verarbeitet haben. Wenn wir nicht mit Jesus über diese Wunden und Verletzungen gesprochen oder versucht haben, den Menschen zu vergeben, die uns verletzt haben – und das ist oft auch dann möglich, wenn die Beziehung weiterhin zerbrochen ist –, werden wir diese Verletzungen und all das Negative, das mit ihnen einhergeht, mitnehmen – von unserem alten Arbeitsplatz zum neuen, von unserer letzten Freundschaft in die neue … von unserer letzten Ehe in die neue.

Ich weiß, dass man diesen Fehler schnell macht. Als ich gerade frisch im geistlichen Dienst angefangen hatte, wurde mir die Leitung eines Teams übertragen. Weil ich in der Vergangenheit so oft verletzt worden war, wollte ich niemanden enttäuschen und es allen recht machen. Ich hatte das starke Bedürfnis, mich meinen eigenen Leitern zu beweisen, ihr Vertrauen zu rechtfertigen und jede Aufgabe, die sie mir übertragen hatten, absolut perfekt zu erledigen. Meinem Team hingegen wollte ich beweisen, dass ich zu Recht seine Leiterin war, und ich tat alles, um es in die Richtung zu führen, die nötig war, um unsere Ziele zu erreichen. Aber obwohl ich wirklich eine gute Leiterin sein wollte, war mein Bedürfnis nach Anerkennung größer, und ich verlangte zu viel von meinem Team. Weil ich noch die Verletzungen meiner Vergangenheit mit mir herumtrug, hatte ich das Gefühl, niemals genug zu sein, und das übertrug ich auf mein Team. Ich wusste einfach noch nicht, wie man so im Glauben vorwärtsgeht, wie Gott sich das von uns wünscht – mit einem geheilten Herzen.

Als ich das erkannte, wandte ich mich an eine Seelsorgerin und arbeitete mit ihrer Hilfe die Verletzungen auf. Ich entschuldigte mich bei meinen Teammitgliedern, die sehr verständnisvoll reagierten und mir gern vergaben. Das führte bei mir zu einer noch tieferen Heilung. Ich lernte in dieser schmerzhaften Zeit sehr viel und wurde dadurch eine bessere Leiterin. Und ich denke, ich würde heute keine weltweite Organisation leiten, wenn ich Jesus nicht gebeten hätte, meine tiefen Verletzungen zu heilen.

Wie ist es mit dir? Bist du in der Vergangenheit verletzt worden und musst jetzt feststellen, dass sich das negativ auf deine Mitmenschen auswirkt? Willkommen im Club. Es geht uns allen so. Aber die gute Nachricht ist: Wir dürfen Jesus immer wieder bitten, uns zu heilen, damit diese Verletzungen uns nicht länger beeinträchtigen. Wir sind eingeladen, ihn darum zu bitten, jeden Winkel unseres Herzens zu heilen.

Himmlischer Vater, ich vertraue dir und ich liebe dich. Ich weiß, dass du mich liebst, und sehne mich danach, noch mehr in dieser Liebe zu baden. Bitte erfülle jeden Winkel meines Herzens und heile die Verletzungen in meinem Inneren.

86

Stärker als zuvor

„Denn ich will deine Wunden verbinden und dich heilen“, spricht der Herr.
Jeremia 30,17

Als ich zwischen Arrowhead und Beaver Creek (Colorado) durch die legendären goldenen Pappelwälder wanderte, sog ich die mich umgebende Schönheit förmlich in mich auf. Das Blätterdach über mir war so atemberaubend und die Sonnenstrahlen leuchteten so hell, dass ich nicht aufhören konnte, Gott zu danken. Ich dachte zurück an den schwersten Unfall meines Lebens, den ich auf ebendiesem Berg gehabt hatte, und dankte Gott dafür, dass meine beiden Knie wieder kräftig waren – etwas, das für mich einmal selbstverständlich gewesen war.

Vor mehr als zehn Jahren waren Nick und ich dort Ski gefahren. Ich hatte ihm zugerufen: „Wer zuerst unten ist …“, und war den Abhang hinuntergestoben. Wenige Augenblicke später schlug ich den zweiten unfreiwilligen Salto dieses Urlaubs. Noch während ich flog, vernahm ich ein unglaublich lautes Knacken, und als ich landete, spürte ich den schlimmsten Schmerz, den ich jemals erlebt hatte. Wenige Minuten später war mir klar, dass ich nicht imstande sein würde, aufzustehen oder aus eigener Kraft den Berg hinunterzukommen.

Die Bergrettung kam, legte mich auf eine Trage und brachte mich den Berg hinunter zu einem bereitstehenden Krankenwagen. Im Krankenhaus erfuhr ich, dass mein Meniskus und mein inneres und vorderes Kreuzband gerissen waren und meine Kniescheibe gebrochen war. Die Heilung würde viel Zeit in Anspruch nehmen, und ich musste operiert werden, weil ich ein neues Kreuzband brauchte, wenn ich jemals wieder laufen wollte. Am Tag der OP teilte mir die Physiotherapeutin mit, dass die nächste Zeit unglaublich hart werden würde: „Der Schmerz der Genesung wird viel schlimmer sein als der Schmerz der Verletzung. Wie gut Ihr Knie wieder funktionieren wird, hängt ganz davon ab, ob und inwiefern Sie bereit sind, diesen Schmerz zu ertragen."

Es dauerte Monate, bis ich wieder ohne Schmerzen, ohne Orthese und ohne Hilfe laufen konnte, aber als es so weit war, ging ich jeden Schritt in dem neuen Bewusstsein: Ob und wie ich bereit bin, den Schmerz der Genesung zu ertragen – und das gilt auch für die Wunden in meinem Herzen –, wird darüber entscheiden, wie gut meine Heilung voranschreitet.

Im weiteren Verlauf der Wanderung kam ich an diesem Tag auch an genau den Punkt, an dem ich damals gelandet war. Ich konnte nicht fassen, wie sehr Gott mein Knie geheilt hatte – und mein Herz. Ich war in so vieler Hinsicht geheilt worden. Geistlich. Körperlich. Emotional. Mental. Rückblickend erkennen wir oft, wie unglaublich lohnend es ist, wenn wir in einer schwierigen Situation durchhalten und dranbleiben, bis wir es auf die andere Seite geschafft haben, oder?

Was hat dich verletzt? Bist du bereit, dich auf den Schmerz der Genesung einzulassen, damit du vollkommen wiederhergestellt werden kannst? Ich versichere dir: Wenn du das bist und der Heilungsprozess beginnt, wirst du am Ende stärker sein als zuvor.

Vater, ich danke dir für deine Treue und dafür, dass ich wissen darf: Wenn ich mich auf den Schmerz der Genesung einlasse und der Heilungsprozess beginnt, werde ich am Ende stärker sein als zuvor. Amen.

87

Mit dem Herzen dabei

Jesus antwortete: „Du sollst den Herrn, deinen Gott, lieben, von ganzem Herzen, mit ganzer Seele und mit all deinen Gedanken!“
Matthäus 22,37

Meine Tochter Sophia liebte das Theater bereits seit ihrer Kindheit und wollte immer Schauspielerin werden. Sie begann schon als junges Mädchen damit, Schauspielunterricht zu nehmen, und nahm an jeder Aufführung in Schule und Gemeinde teil. Nick und ich waren überzeugt, dass sie wirklich einmal Schauspielerin werden würde, aber dann kam das Jahr, in dem sich etwas änderte.

Sophia hatte für das Theaterstück vorgesprochen, das die Schule aufführen wollte, und auch eine Rolle bekommen, aber sie war nicht so enthusiastisch wie gewöhnlich. Sie war auch nicht so aufgeregt und mit Eifer bei der Sache wie sonst. Nachdem sie einige Wochen geprobt hatten, erkundigte ich mich, was los war. „Ich weiß es auch nicht so genau, Mum“, sagte sie. „Irgendwie bin ich nicht mehr mit dem Herzen dabei.“

Was für eine interessante Aussage. „Ich bin nicht mehr mit dem Herzen dabei.“ Hast du das auch schon mal gesagt? Über einen Job? Über eine Beziehung? Über ein Hobby? Denk mal kurz darüber nach: Du könntest in einer Ehe sein, aber du bist nicht mehr mit dem Herzen dabei. Du könntest einen guten Job haben, aber du bist nicht mehr mit dem Herzen dabei. Du könntest Teil eines Teams sein, aber du bist nicht mehr mit dem Herzen dabei. Sophia spielte im Stück mit. Sie hatte eine wichtige Rolle. Aber etwas hatte sich verändert, und obwohl sie immer noch dazugehörte, war sie nicht mehr mit dem Herzen dabei.

Hast du auch schon mal erlebt, dass du von irgendetwas immer total begeistert warst, und dann hast du eines Tages festgestellt, dass du nicht mehr mit dem Herzen bei der Sache warst? Das geht uns allen ab und zu so, mit wichtigen Dingen, aber auch mit unwichtigen. Und ich wage zu behaupten, dass uns das sogar mit geistlichen Dingen passiert.

Jesus hat uns gesagt, dass wir den Herrn, unseren Gott, mit ganzem Herzen, mit ganzer Seele und mit all unseren Gedanken lieben sollen. Aber manchmal könnte es sein, dass er für uns ein bisschen weniger wichtig wird, ohne dass wir das wollen. Wir sind nicht mehr so begeistert, hingebungsvoll und gehorsam wie zuvor … weil wir einfach nicht mehr so mit dem Herzen bei der Sache sind, wie wir es anfangs waren. Das kann ein schleichender Prozess sein. Es kann aber auch passieren, wenn wir innerlich verletzt wurden. Oder wenn wir eine schlimme Enttäuschung erlebt haben. Wenn wir vom Leben überfordert sind. Und wenn wir nicht von ganzem Herzen dabei sind, wird es schwierig werden, so überzeugt an Gott festzuhalten, wie wir uns das wünschen.

Wenn wir merken, dass Jesus und die Bibel uns nicht mehr so wichtig sind, wie sie es einmal waren, ist es vielleicht Zeit, einen ehrlichen Blick in unser Inneres zu werfen und uns neu an dem zu orientieren, was Jesus gesagt hat: „Du sollst den Herrn, deinen Gott, lieben, von ganzem Herzen, mit ganzer Seele und mit all deinen Gedanken!“ Wenn wir Gott mit unserem ganzen Sein lieben, dann sind wir wirklich mit dem Herzen bei der Sache, und das ist doch genau das, was wir wollen, oder?

Herr, bitte hilf mir, mein Herz heute mit deinem in Einklang zu bringen. Ich will dich von ganzem Herzen, mit ganzer Seele und mit all meinen Gedanken lieben. Ich will dir von ganzem Herzen nachfolgen. Amen.

88

Er bringt mich auf saftige Weiden …

Er lässt mich in grünen Tälern ausruhen,
er führt mich zum frischen Wasser.
Psalm 23,2

Gott kennt uns besser als wir uns selbst. Er weiß genau, was wir brauchen, um unsere seelischen Speicher wieder aufzufüllen. Er weiß, dass wir manchmal auf grünen Wiesen ausruhen müssen – nicht unbedingt im buchstäblichen, aber im übertragenen Sinn. Er weiß auch, wie wir ganz individuell auf die beste Weise ausruhen und wieder auftanken können – mental, emotional, körperlich und geistlich.

Ich gehöre zu den Menschen, die dazu neigen, sich viel abzuverlangen und ständig aktiv zu sein. Darum muss ich ganz bewusst die Entscheidung fällen, einen Gang herunterzuschalten und meiner Seele eine Pause zu gönnen. Im Laufe der Jahre habe ich das ganz gut gelernt, aber es hat mich definitiv Mühe gekostet. Ich musste lernen, einfach nur in Gottes Gegenwart zu *sein*. In seiner Gegenwart still zu werden. Ich habe aber auch gelernt, dass es genauso wichtig ist, einen Spaziergang zu machen oder eine Runde joggen zu gehen. Spaß und ein bisschen Action in meinen Terminkalender zu integrieren und Zeit für Menschen zu reservieren, die mir wichtig sind.

Wie sieht es bei dir aus?

Wenn ich nicht auf Gottes sanfte Anstöße achte, die mir zu verstehen geben, dass es mal wieder Zeit ist, aufzutanken, geht er erfahrungsgemäß etwas energischer vor, um meine Aufmerksamkeit auf sich zu ziehen. Vielleicht sorgt er dafür, dass ich ständig über einen bestimmten Bibelvers stolpere oder dass eine Freundin mich daran erinnert, alles etwas ruhiger anzugehen. Vielleicht macht er mir auch einfach nur bewusst, wie müde ich bin. Mir gefällt, wie ein paar andere Bibelübersetzungen diesen Vers übersetzen: „Er *bringt* mich auf saftige Weiden …“[39] Hattest du schon mal das Gefühl, dass Gott dich auf saftige Weiden bringt, damit du ausruhen kannst?

Als meine Mädchen noch klein waren, spielten sie mit der gleichen Begeisterung und dem gleichen Einsatz, mit denen ich auch meiner Arbeit nachgehe. Darum musste ich sie zum Mittagsschlaf regelmäßig ins Bett *bringen.* Ich musste ihre Aufmerksamkeit vom Rennen und Spielen weglenken und dafür sorgen, dass sie einen Gang herunterschalteten, damit sie sich hinlegen und ausruhen konnten. Sie kämpften natürlich mit aller Macht dagegen an, aber Tag für Tag gaben sie schließlich auf und schliefen ein.

Achtet Gott nicht ebenso sehr auf unsere Bedürfnisse, wie wir auf die Bedürfnisse unserer Kinder achten? Ich glaube, ja. Ich habe in Gedanken oft ein Bild vor Augen, wie er sanft auf den Boden klopft und sagt: „Komm, jetzt leg dich hier hin!“ Und obwohl ich mich gehorsam hinlege und mein Bestes tue, um mich zu entspannen, ist das nicht immer einfach. Es entspricht nicht meiner Natur, mich auf saftigen Weiden auszuruhen – und genau deshalb will er, dass ich es tue. Er weiß, dass ich darauf angewiesen bin, regelmäßig auf einer Wiese zu grasen, wo ich frisches Futter finde. Wo ich die Nahrung, die Vitamine und die geistliche Kraft bekomme, meinem Weg weiter zu folgen.

Wenn du so bist wie ich – wenn es dir schwerfällt, dich hinzulegen und auszuruhen –, dann lass dich doch heute einmal einladen, dich auf eine Wiese zu begeben. Auf eine Wiese, die grünt und blüht. Eine Wiese, die deine Seele auftanken lässt.

Himmlischer Vater, danke, dass du mich auf saftige Wiesen bringst. Bring mich doch heute dorthin, wo ich genau das finde, was ich gerade brauche. Amen.

89

Behüte dein Herz

Vor allem aber behüte dein Herz, denn dein Herz beeinflusst dein ganzes Leben.
Sprüche 4,23

Als Dawn mich einlud, mit ihr die Berge Südkaliforniens zu erklimmen, betrachtete ich das zunächst als eine sportliche Herausforderung. Als eine Möglichkeit, etwas Zeit mit ihr und anderen Freunden zu verbringen, die wir ab und zu einluden. Aber es stellte sich heraus: Das, was diese Klettertouren an meinem Herzen bewirkten, war noch viel wertvoller. Im Freien zu sein, zu sehen, was nur Gott erschaffen kann, voller Ehrfurcht vor seinen Geschöpfen zu stehen – ja, sogar vor den Bären und Schlangen und Berglöwen, denen ich so angestrengt aus dem Weg zu gehen versuchte –, erfrischte mein Herz auf eine Weise, mit der ich nicht gerechnet hatte.

Die Momente, wenn wir nach einem langen, beschwerlichen Aufstieg aus einem Dickicht traten und plötzlich auf einem Felsvorsprung standen, einen beeindruckenden Wasserfall erblickten und versuchten, die herrliche Aussicht in uns aufzunehmen – das veränderte mich stärker, als ich in diesem Augenblick begriff. Der Duft der Wälder, die frische, klare Luft, sogar die unterschiedlichsten Gerüche, die wir während der Aufstiege wahrnahmen, schärften meine Sinne. Den Gipfel zu erreichen und andere Berge zu sehen, die wir schon erklommen hatten, und auch diejenigen, die wir noch besteigen wollten, inspirierte meinen Glauben. In gewisser Weise war jeder Schritt, den ich machte, nicht nur ein Schritt zum Gipfel hinauf, sondern auch ein Schritt des Glaubens. Denn jeder Schritt erforderte Mut, Kraft, Entschlossenheit, Disziplin und Hoffnung – dieselben Qualitäten, die wir auch brauchen, um uns geistlich weiterzuentwickeln.

All dies half mir, einen neuen Blick dafür zu bekommen, wie wichtig mein Herz ist. Und wie wichtig es ist, es zu behüten, so wie der heutige Bibelvers es uns sagt. „Behüte dein Herz“, fordert er uns auf – aber um das zu tun, müssen wir erst einmal herausfinden, was uns lebendig macht und was uns die Kraft aussaugt.

Beim Wandern, so habe ich festgestellt, fühle ich mich lebendig. Die Schönheit, der ich in der Natur begegne, schenkt mir neue Kraft. Das ist kein Ersatz für die geistlichen Aktivitäten, die mich geistlich lebendig machen, wie Zeit im Gebet zu verbringen, in der Bibel zu lesen, Lobpreismusik zu hören oder den Gottesdienst zu besuchen. Aber es erfrischt mich, so wie es mich auch erfrischt, mit meinen Mädchen zu lachen oder mit Nick einen Film anzuschauen.

Wenn wir unser Herz behüten wollen, müssen wir darauf achten, dass wir Dinge hereinlassen, die Leben spendend sind. Das ist ebenso wichtig, wie Dinge von ihm fernzuhalten, die uns auszehren – die Dinge, die unser Herz nicht zum Blühen bringen. Ich kann aber auch so sehr damit beschäftigt sein, negative Dinge von mir fernzuhalten, dass ich vergesse, mein Herz mit Gutem und mit Schönem zu füllen. Unsere Wandertouren haben mir geholfen, das Staunen wiederzuentdecken, und sie haben meinem Herzen gutgetan.

Wie ist das bei dir? Hast du herausgefunden, was deinen inneren Tank auffüllt und was dir Kraft raubt? Nimm dir doch heute Zeit, eine Sache zu tun, die dir guttut, und dann denke darüber nach, was du tun könntest, um dein Herz zu behüten. Denn dein Herz beeinflusst dein ganzes Leben.

Vater, danke, dass du mich lehrst, wie wichtig es ist, mein Herz zu behüten. Denn mein Herz beeinflusst mein ganzes Leben. Amen.

90

Ruhe bewahren

Lasst euch von alldem nicht in Angst und Schrecken versetzen. Ihr vertraut doch auf Gott, oder nicht? Dann setzt euer ganzes Vertrauen auch auf mich.
Johannes 14,1 (Willkommen daheim)

Am Ausgangspunkt vieler Trails in Südkalifornien sind Warnschilder mit der Aufschrift „Vorsicht, Klapperschlangen!" aufgestellt. Dawn wusste, welche Angst ich vor diesen Tieren habe, deshalb ging sie immer vor mir und stieß ihre Wanderstöcke ins Gebüsch, um sicherzustellen, dass keine Schlangen am Wegrand lauerten. Sie war ja so mutig! Aber bei einer Wanderung entging ihr ein riesiges Exemplar … und glitt direkt vor mir über den Weg. Bis zum heutigen Tag weiß ich nicht, was die genaue zeitliche Abfolge war, aber ich sah eine Klapperschlange, bekam einen Wadenkrampf und zweifelte ernsthaft daran, dass ich jemals wieder von diesem Berg herunterkommen würde.

Ich erinnere mich noch daran, dass ich mich hingesetzt und versucht habe, mein Bein zu entspannen. Ich wollte meinen Muskel dazu bewegen, sich zu lockern, damit ich weitergehen konnte, aber er war hart wie Stein. Vorüberkommende Wanderer ermutigten mich mit den Worten, die alle beim Hiken zueinander sagen: „Du packst das!" Aber tief in meinem Inneren war ich mir nicht sicher, ob ich es wirklich schaffen würde. Ich weiß noch, wie sehr ich mich zu konzentrieren versuchte, um nicht in Panik zu geraten – wobei die Begegnung mit der Schlange nicht gerade eine Hilfe war –, und mich zu entspannen versuchte.

Ein paar Wanderer blieben stehen, um mir ihre Hilfe anzubieten. Sie waren sehr freundlich, öffneten ihre Rucksäcke und boten mir alle möglichen Dinge an, um mir zu helfen. Nahrungsergänzungsmittel. Energieriegel. Isotonische Getränke. Sie wussten genau, was mit meinem Wadenmuskel los war und wie sie da helfen konnten. Ich befolgte alle ihre Ratschläge, und allmählich spürte ich, dass ich mich wieder beruhigte.

Das Wichtigste von allem war, dass ich meinen Frieden wiederfand. Ich ließ mich von den Ereignissen nicht länger in Angst und Schrecken versetzen. Ist dir schon mal aufgefallen, dass Jesus gesagt hat: „*Lasst euch nicht* in Angst und Schrecken versetzen?“ Das besagt ja, dass wir in gewisser Weise die Kontrolle über das haben, was in unserem Inneren vorgeht – auch dann, wenn uns gerade eine Klapperschlange in Panik versetzt. Das Wichtigste, was ich aus all dem gelernt habe, ist: Jesus meint hier, dass wir unseren Gefühlen nicht erlauben sollen, uns in Panik zu versetzen. Nicht, dass ich das in jeder Situation hinbekäme – aber ich bemühe mich sehr.

Ich weiß nicht, was dir heute über den Weg laufen (oder kriechen) wird, aber triff doch jetzt einfach mal die Entscheidung, dich davon nicht in Angst und Schrecken versetzen zu lassen. Ruf dir ins Gedächtnis, dass du die Kontrolle über deine Gefühle hast. Ich weiß: Bei all dem, was gerade in der Welt passiert, bei all den turbulenten, chaotischen, kontroversen, beängstigenden Dingen, von denen wir hören und lesen, ist es gar nicht so leicht, Ruhe zu bewahren. Aber wenn wir zulassen, dass der Feind uns den Frieden raubt, erlauben wir ihm, Einfluss auf unser Herz zu nehmen. Und ist mir das auf dem Berg nicht auch passiert? Als diese Schlage vor mir über den Weg gekrochen ist, ließ ich mich davon in Angst und Schrecken versetzen. Und als ich dann auch noch einen Muskelkrampf bekam, musste ich wirklich darum ringen, meinen Frieden wiederzufinden.

Lass dich nicht in Angst und Schrecken versetzen, sondern bewahre deinen Frieden. Vertraue auf Gott. Vertraue auf Jesus.

Himmlischer Vater, bitte hilf mir, mich von den schlimmen Dingen, die heute vielleicht passieren, nicht in Angst und Schrecken versetzen zu lassen. Amen.

91

Sieh ihnen ins Herz

Doch der Herr sprach zu Samuel: „Lass dich nicht von seinem Äußeren oder seiner Größe blenden, ich habe ihn nicht erwählt. Der Herr entscheidet nicht nach den Maßstäben der Menschen! Der Mensch urteilt nach dem, was er sieht, doch der Herr sieht ins Herz."
1. Samuel 16,7

Als Gott dem Propheten Samuel den Auftrag gab, den zukünftigen König von Israel zu salben, sandte er ihn nach Bethlehem zu Isai, einem Mann mit acht Söhnen. Samuel nahm Isais Söhne in Augenschein, um herauszufinden, wer denn der künftige König sein könnte. Er war sicher, dass Eliab der Auserwählte sein würde. Dieser war groß gewachsen und der Älteste von ihnen, somit schien alles für ihn zu sprechen. Außerdem sah er gut aus und war kräftig. Doch Gott gab Samuel zu verstehen, dass er nicht auf das Äußere schauen sollte – wir Menschen urteilen nach dem, was wir sehen, doch Gott sieht ins Herz.

Der Prophet hatte sich also geirrt. Aber geht es uns nicht allen von Zeit zu Zeit so? Ich könnte mir vorstellen: Wenn Samuel heute herausfinden müsste, wer denn der nächste König ist, würde er die Profile in den sozialen Medien durchstöbern und bei LinkedIn vorbeischauen, um die perfekte Person ausfindig zu machen. Kannst du dir vorstellen, dass jemand aufgrund all der perfekt bearbeiteten Selfies ausgewählt wird? Oder dass die Kandidaten nach der Anzahl der Likes, Shares, Retweets oder Kommentare bewertet werden?

Es klingt seltsam, aber tun wir nicht genau das? Allzu oft schauen wir darauf, wer den schönsten Körper, die schickste Kleidung und die besten Connections hat, während Gott möchte, dass wir mit seinen Augen sehen, mit seinem geistlichen Blick. Gott sieht über die Filter und all das Gephotoshoppte hinweg und blickt direkt in unser Herz hinein, denn genau das ist es, was ihn interessant. Fähigkeiten, Talente, Ausbildung und Erfahrung sind wichtig, aber nicht so wichtig wie unser Herz, wenn es darum geht, das Ziel nicht aus den Augen zu verlieren und im Einklang mit Gottes Absichten für uns zu leben.

Wie ist es um dein Herz bestellt? Das kann man sicher am besten sagen, wenn es sich im Laufe der Zeit bewährt hat. Gott sagt ja, dass wir unser Herz behüten sollen. Natürlich haben wir nicht über alles die Kontrolle, womit wir im Leben konfrontiert werden, aber über eines haben wir immer die Kontrolle: darüber, wie wir darauf reagieren. Wenn wir unser Rennen auf dieser Erde zu einem guten Ende bringen wollen, müssen wir Verantwortung für unser Herz übernehmen. Wir müssen uns entscheiden, dem Feind keinen Raum zu geben – denn mach dir nichts vor: Er wird versuchen, uns von innen heraus zu zerstören. Er wird alles tun, damit wir innerlich abstumpfen, hart oder gesetzlich werden. Er will, dass wir einen geistlichen Herzinfarkt erleiden. Er will, dass wir aufgeben. Er will, dass wir nichts mehr zustande bekommen.

Ich möchte, dass Gott mir ins Herz sieht und dass ihm gefällt, was er dort sieht. Ich vermute, dir geht es da ähnlich. Lass uns ihn einladen, unser Herz zu heilen, zu stärken und zu erneuern, damit wir auf lange Sicht die Kraft haben, die wir für unser Leben brauchen. Und lass uns unsere Mitmenschen mit Gottes Augen sehen. Lass uns ihnen ins Herz schauen.

Vater, danke, dass du mich heilst und mir Augen schenkst, die so sehen können, wie du siehst. Hilf mir, über Äußerlichkeiten hinwegzusehen und in ihr Herz zu schauen, so wie du es tust. Amen.

92

Ein Mensch nach dem Herzen Gottes

Doch Gott nahm [Saul] *das Königtum wieder und setzte David an seine Stelle, einen Mann, von dem Gott sagte: „David, der Sohn Isais, ist ein Mann nach meinem Herzen. Er wird alles tun, was ich von ihm will."*
Apostelgeschichte 13,22

David hatte viele gute Eigenschaften, aber die herausragendste war, dass er ein Mann nach dem Herzen Gottes war. Das bedeutet nicht, dass er perfekt war. Wir wissen, dass er das nicht war, denn er hat mehr als einmal versagt. Lukas sagt auch nicht, dass Davids Haltung fehlerlos war, aber er versuchte, im Einklang mit dem zu leben, was Gott wichtig ist.

Kannst du dir vorstellen, ein Mensch wie David zu sein, dessen Herz so im Einklang mit Gottes Herz schlägt, dass deine Ziele mit seinen übereinstimmen? Eine solche Jesus-Nachfolgerin möchte ich sein. Ich möchte ein Mensch nach dem Herzen Gottes sein – du nicht auch? Nicht mein Wille. Nicht meine Pläne. Nicht meine Sehnsüchte. Nur deine, Herr.

Vermutlich hast du eine Ahnung, wie das aussehen könnte. Denk zurück an die Zeit, als du zum ersten Mal so richtig verliebt warst oder dich zum ersten Mal für einen neuen Job, ein Hobby oder eine Sportart begeistert hast. Damals musste dich niemand antreiben, damit du deine Aufgaben erledigst oder zum Sport fährst. Du warst von ganzem Herzen bei der Sache. Du hast dich total reingehängt. Du hast früh angefangen und bist, wenn nötig, bis spätabends geblieben. Deine Einstellung war „Ich will das machen" und nicht „Ich muss das tun". Niemand musste dich zu irgendetwas überreden. Dein Herz schlug für diesen Job, diese Sportart, dieses Hobby, und auf ähnliche Weise will auch Gott, dass dein Herz für ihn schlägt.

Ich frage mich: Wenn wir innerlich nicht stark sind, wie können wir dann all dem Druck in dieser Welt standhalten und gleichzeitig auch Menschen nach dem Herzen Gottes sein? Um es einmal mit unserem eigentlichen Herzen zu vergleichen: Die Herzmuskulatur besteht aus vier Kammern, die das Blut durch unseren Körper pumpen. Unser Herz arbeitet rund um die Uhr, um uns am Leben zu erhalten. Es ist der einzige Muskel, der keine Pause macht. In dem Moment, wo er seinen Dienst einstellt, werden wir für tot erklärt. Wir können auf viele Dinge verzichten, aber wir können nicht ohne Herz leben.

Unser Herz ist in körperlicher *und* geistlicher Hinsicht wichtig. Und so, wie wir ein starkes physisches Herz brauchen, um zu leben und unsere Aufgaben zu erfüllen, brauchen wir auch ein in geistlicher Hinsicht starkes Herz. Wenn wir Jesus nachfolgen, dann sollten wir auch versuchen, was das anbelangt, ein bisschen mehr so zu sein wie David – eben Menschen nach Gottes Herz.

Hast du in der letzten Zeit mal dein Herz unter die Lupe genommen? Wenn es irgendetwas gibt, das dich daran hindert, ein Mensch nach dem Herzen Gottes zu sein, dann sprich heute mit ihm darüber. Lade ihn ein, dein Herz zu heilen und dich mit seiner Liebe zu umhüllen. Triff die Entscheidung, ein Mensch zu sein, der versucht, im Einklang mit Gottes Willen zu leben.

Vater, danke, dass du mich von innen heraus verändern willst,
damit ich ein Mensch nach deinem Herzen werde.
Ein Mensch, der versucht, im Einklang mit deinen Absichten
und deinem Willen zu leben. Amen.

93

Gottes Wort heilt

Hört mir zu, ihr Küstenbewohner! Merkt auf, ihr fernen Völker! Der Herr hat mich von meiner Geburt an berufen; im Mutterleib hat er mich beim Namen gerufen.
Jesaja 49,1

Sechs Monate nachdem ich erfahren hatte, dass ich adoptiert worden war, hatte ich ein sehr eindrückliches Erlebnis. Ich spürte ganz deutlich, wie Gottes Wort in meinem Herzen Raum gewann und etwas in mir veränderte. Ich war damals 33 Jahre alt und stand in der Küche und kochte das Abendessen. Einige Monate zuvor hatte ich meine Geburtsurkunde und andere damit verbundene Informationen angefordert und schließlich trafen die Unterlagen ein.

Als ich den Umschlag öffnete, befanden sich an der Stelle, an der mein Name hätte stehen sollen, nur zwei Zahlen: 1508; 1966. Es gab keinen Namen. Nur eine Nummer und ein Jahr. Es lag der Bericht einer Fürsorgeeinrichtung bei, der im Wesentlichen aussagte, dass meine leibliche Mutter mich so schnell wie möglich abgeben und loswerden wollte, damit sie wieder arbeiten gehen konnte. Ich war nicht nur namenlos, ich war auch unerwünscht. Von Anfang an.

Ich weiß noch, dass ich auf dem Sofa saß und weinte. Es kam mir so vor, als hätte man mir ein Messer ins Herz gestoßen. Ich dachte: *Da siehst du es, Christine. Deine Mutter wollte dich nicht. Du warst ein Unfall. Sie hat dir noch nicht mal einen Namen gegeben. So wenig bist du wert. Du hast keinerlei Bedeutung. Du bist nur eine Zahl.*

Es klingt heute seltsam, aber was ich als Nächstes tat, änderte alles. Ich fühlte mich vom Heiligen Geist dazu gedrängt, Jesaja 49 aufzuschlagen. So etwas passiert mir nicht oft. Voller Schmerz und Verzweiflung begann ich, den heutigen Vers zu lesen, und brach in Tränen aus. Ich konnte nicht glauben, was ich da las. Es war, als wären diese Worte nur für mich geschrieben worden. Und tatsächlich war es in diesem Moment auch so. Meine Mutter hatte mir keinen Namen gegeben – mein himmlischer Vater schon. Ich war noch im Mutterleib gewesen, als er schon meinen Namen genannt hatte. Schon vor meiner Geburt hatte er mich in seinen Dienst gerufen. Da saß ich nun und hielt in der einen Hand meine Geburtsurkunde und in der anderen meine Bibel. In der einen stand schwarz auf weiß, dass ich keinen Namen hatte, und in der anderen stand schwarz auf weiß, dass Gott mich schon im Mutterleib mit meinem Namen gerufen hatte. Ich musste eine Entscheidung fällen: Was würde ich glauben? Welche dieser beiden Wahrheiten sollte in Zukunft *meine* Wahrheit sein? Ich entschied mich dafür, mein Vertrauen, meinen Glauben und meine Hoffnung auf Gott und sein Wort zu setzen.

Ich habe damals gelernt: Im Leben von uns allen kommt der Zeitpunkt, an dem wir mit der Entscheidung konfrontiert sind, ob wir das glauben wollen, was andere über uns sagen, das, was wir selbst über uns denken, oder das, was Gott in seinem Wort sagt. Nur eine dieser Optionen kann unser Herz heil machen. Nur eine kann uns dazu befähigen, im Einklang mit Gottes Absichten für uns zu leben. Lass dich doch heute ganz neu auf seine Liebe und sein Wort ein.

Vater, ich danke dir dafür, dass du uns dein Wort, die Bibel, gegeben hast. Danke, dass seine Botschaft die Kraft hat, mich zu heilen und mein Herz wieder gesund zu machen, damit ich all das erfüllen kann, wozu du mich geschaffen und berufen hast. Amen.

94

Heilige uns durch und durch

Der Gott des Friedens heilige euch durch und durch. Er schütze euern Geist, eure Seele und euern Körper, damit sie unversehrt sind, wenn Jesus Christus, unser Herr, wiederkommt.
1. Thessalonicher 5,23

Nachdem ich mein Leben Jesus anvertraut hatte, las ich voller Begeisterung in der Bibel und versäumte keinen Gottesdienst. Und weil ich einfach nicht genug von all dem bekommen konnte, hörte ich mir noch viele weitere Predigten auf Kassette an. Ich wollte so viel wie möglich lernen, und ich brauchte dringend Unterstützung, wollte ich mich verändern. Ich erinnere mich noch gut daran, dass es mir gut gelang, die Lektionen umzusetzen. Aber obwohl ich all meine Willenskraft aufbot, verfiel ich meist nach ein paar Tagen wieder in alte Denk- und Verhaltensmuster. Ich wollte mich so gern weiterentwickeln, deshalb stellte ich mir die Frage: *Was stimmt mit mir nicht?* Vielleicht war ich einfach nicht geistlich genug. So betete ich mehr, las mehr in der Bibel, fastete mehr und besuchte mehr Gemeindeveranstaltungen.

Ist es dir auch schon mal so gegangen? Wir denken, wenn wir einfach mehr geistliche Aktivitäten in unser Leben integrieren, würden wir bestimmt herausbekommen, was mit uns nicht stimmt. Aber da sind wir auf dem Holzweg. Ich habe viel zu lange in diesem frommen Hamsterrad festgesteckt. Ich weiß noch, wie ich dachte: *Ich bin eine Versagerin. Was kann Gott schon mit mir anfangen?* Ich sehnte mich so sehr danach, ihm zu gefallen. Ich wollte gehorsam sein und konnte einfach nicht herausfinden, warum ich immer wieder in negative Verhaltensmuster zurückfiel.

Was ich nicht verstanden hatte, war: Als ich Jesus mein Leben anvertraut hatte, kam der Heilige Geist in mich hinein und erfüllte meinen Geist, aber meine Seele blieb dieselbe. Ich hatte immer noch dieselbe Persönlichkeit. Dieselben Gewohnheiten. Dieselbe Art zu denken. Dieselbe Art, mit meinen Problemen umzugehen. Dieselbe Art, über alles Negative nachzugrübeln, das irgendjemand – oder ich selbst – zu mir gesagt hatte. Meine Seele hatte sich nicht verändert. Ich war als zerbrochener Mensch zu Jesus gekommen und ich war immer noch zerbrochen.

Mit meinem Körper war es dasselbe: Die Zellulitis, die ich vor meiner Entscheidung für Jesus gehabt hatte, war auch nach meiner Entscheidung für ihn noch nicht verschwunden. Enttäuschend, ich weiß! An meinem Körper oder meiner Seele hatte sich nichts verändert, nur in meinem Geist. Das ist der Teil von mir, der gerettet wurde. Aber als ich begann, biblischen Unterricht zu nehmen, und mir jemand empfahl, mit einem Seelsorger zu sprechen, wurde mein Denken Schritt für Schritt erneuert, und meine Seele begann zu heilen. Ich war damals so voller Selbstvorwürfe, Verbitterung, Scham und Wut, weil ich das Trauma meiner Kindheit – Missbrauch, Verlassenwerden und Zurückweisung – noch nicht aufgearbeitet hatte. Aber als ich nun Hilfe bekam, begann ich, mich zu verändern. Ich begann, die Probleme zu überwinden, und lernte allmählich, mein Leben vertrauensvoll vorwärtsgewandt zu leben.

Oft genügt es nicht, Jesus bloß das eigene Leben anzuvertrauen. Wenn du – wie ich – mit einer verwundeten, zerbrochenen Seele zu Jesus gekommen bist oder wenn du seither verletzt worden bist, dann wende dich doch heute an Gott. Bitte ihn, dich durch und durch zu heilen, damit dein Geist, deine Seele und dein Körper gesund werden.

Vater, danke, dass du mich gerettet hast. Bitte hilf mir auch weiterhin, und zeig mir die Bereiche, wo ich noch nicht vollständig geheilt bin. Ich möchte ganz dir gehören. Amen.

95

Er bahnt einen Weg

Seht hin; ich mache etwas Neues; schon keimt es auf. Seht ihr es nicht? Ich bahne einen Weg durch die Wüste und lasse Flüsse in der Einöde entstehen.
Jesaja 43,19

Als meine Eltern aus der ägyptischen Stadt Alexandria nach Australien emigrierten, hatten sie ihre gesamte griechische Kultur im Gepäck. Wenn du uns in meiner Jugend zu Hause besucht hättest, hättest du dich gewundert: Obwohl wir in den 1970ern und 80ern in Sydney lebten, hättest du vermutlich gedacht, wir würden in Athen leben und befänden uns im Jahr 1895. Es war, als würden wir in einer Zeitschleife leben. Während meine Brüder und ich größer wurden, wollten wir aus dieser Bubble heraus. Wir wollten Erfahrungen machen und Neues erleben. Ganz im Gegensatz zu Dad und Mum, meinen Großeltern und all unseren Tanten und Onkeln.

Ich erkannte irgendwann, dass so viele Mitglieder meiner Familie so viel mehr Möglichkeiten in Australien hätten haben können, aber sie hatten beschlossen, die Grenzen und Einschränkungen, die ihre Vergangenheit und ihre Traditionen ihnen auferlegten, nicht zu durchbrechen. Und darum verpassten sie so viel von ihrer Zukunft.

Tun wir in geistlicher Hinsicht nicht manchmal dasselbe? Ich glaube, schon. Wie oft sind wir in unserem Wohlfühlbereich geblieben und haben getan, was wir schon immer getan haben – einfach nur deshalb, weil wir Angst hatten, etwas Neues zu wagen? Mir ist das mehr als einmal passiert, und gerade deshalb neige ich heute dazu, mich mit Begeisterung auf das Neue zu stürzen. Ich lasse bereitwillig alles los, was nicht funktioniert, und wende dieses Prinzip auf alles an – ob es nun um meine persönlichen Workouts geht oder um die Arbeitsweise unserer weltweiten Teams.

Ich habe erkannt: Wenn wir all das tun wollen, wozu Gott uns berufen hat, können wir es uns nicht leisten, ständig zurückzuschauen und uns an Vergangenem festzuhalten. Wenn es nicht (länger) funktioniert, sollten wir bereit sein, das loszulassen, was uns Trost, Bedeutung, Selbstwertgefühl oder Sicherheit gegeben hat. Wir sollten Gott genug vertrauen, um all das loszulassen, was uns daran hindert, uns von ganzem Herzen auf das einzulassen, was er für uns geplant hat. All das, was uns daran hindert, unser Leben vertrauensvoll zu leben.

Wo stehst du heute in geistlicher Hinsicht? Wenn Gott dich dazu beruft, einen Schritt zu gehen und etwas Neues zu wagen, bedeutet das vielleicht, dass du das Alte loslassen musst. Vielleicht musst du dich von einigen Verpflichtungen oder Aktivitäten lösen. Vielleicht solltest du auch ein paar der Dinge, die bisher ganz oben auf deiner Prioritätenliste gestanden haben, in Zukunft weniger wichtig nehmen. Was auch immer dafür nötig ist – du solltest Platz schaffen für das Neue, das Gott in deinem Leben und mit deinem Leben tun will. Bist du bereit?

Vater, danke, dass du eine wunderbare Zukunft für mich hast. Danke, dass du für mich einen Weg durch die Wüste bahnst und in der Einöde Flüsse entstehen lässt. Amen.

96

Gott steht hinter dir

Dann begaben sich der Engel Gottes und die Wolkensäule, die dem israelitischen Heerlager vorangezogen waren, ans Ende des Zuges.
2. Mose 14,19

Etwa zu dem Zeitpunkt, als Gott Mose befahl, seinen Stab zu heben und seine Hand über das Rote Meer auszustrecken, damit das Wasser sich teilte und die Israeliten es trockenen Fußes durchqueren konnten, geschah etwas Seltsames: Die Gegenwart Gottes, die sonst immer vor ihnen hergezogen war, trat nun hinter sie. Der Engel, der ihnen bisher vorangegangen war, stand nun hinter ihnen. Und selbst die Wolkensäule veränderte ihre Position. Gott stand kurz davor, eines der größten Wunder zu tun, von denen in der Bibel berichtet wird, aber aus Sicht der Israeliten sah es so aus, als sei er verschwunden. Ich kann förmlich hören, wie sie an Gott zweifelten und sich gegenseitig gefragt haben: „Wo ist Gott denn hingegangen? Warum hat er uns verlassen?"

Ich weiß, es klingt seltsam, aber war es nicht ganz natürlich, dass sie Gott infrage stellten, weil sie ihn nicht sehen konnten? Tun wir nicht genau dasselbe, wenn wir nicht sehen können, dass er irgendwo in unserem Leben am Werk ist?

Wenn ich lange vergeblich darauf gewartet habe, dass er meine Gebete erhört, habe ich Gott immer wieder mal gefragt, wo er eigentlich ist. Für mich sah es so aus, als sei er verschwunden.

Es gefällt mir, dass Gott uns in dieser Geschichte genau sagt, wohin er gegangen ist. Er hat die Position an der Spitze des Zuges verlassen, um sich hinter sie zu stellen. Er stellt sich zwischen die Israeliten und die Ägypter, und in der Bibel können wir nachlesen, dass die Ägypter die Israeliten die ganze Nacht lang nicht erreichen können.

Wenn du das Gefühl hast, dass Gott nicht länger da ist, dann zieh doch mal die Möglichkeit in Betracht, dass er vielleicht deshalb aus deinem Blickfeld verschwunden ist, um sich hinter dich zu stellen. Ob du ihn sehen kannst oder nicht – er steht hinter dir. Er beschützt dich.

Wenn du ihn eingeladen hast, dich zu heilen, dir zu helfen oder dich zu leiten, dann darfst du darauf vertrauen, dass er auch am Werk ist, ob du das nun sehen kannst oder nicht. Die Gewissheit, dass Gott für dich kämpft – wie, kannst du vielleicht nicht sehen oder dir nicht vorstellen –, kann dir dabei helfen, die Herausforderungen zu bewältigen, mit denen du konfrontiert bist. Vertraue darauf, dass Gott deine Feinde von dir fernhält … vertraue darauf, dass er alle Umstände zu deinem Besten und zu seiner Ehre zusammenwirken lässt.[40] Ich glaube, dass wir manchmal noch auf ein Wunder warten, während das Wunder sich bereits ereignet. Wir warten darauf, dass das Rote Meer sich teilt, aber Gott beschützt uns bereits auf eine Weise, die wir nicht sehen und nicht verstehen können.

Mit welchem Anliegen du dich auch an Gott gewandt hast: Er ist bereits am Werk. Er ist ein Gott, der Wunder tut, und er setzt sich für dich ein. Ja, es ist schwer zu vertrauen, wenn man nichts sieht – aber das ist der Zeitpunkt, an dem wir den Entschluss fällen müssen, dass wir an ihn glauben, obwohl wir ihn nicht sehen.

Vater, ich bin so dankbar dafür, dass du immer da bist – vor mir, neben mir oder hinter mir. Hilf mir, daran zu denken, dass du in meinem Leben am Werk bist – auch und vor allem dann, wenn du es auf eine Weise tust, von der ich nichts mitbekomme. Amen.

97

Überquere die Straße

Er ging zu ihm hin, behandelte seine Wunden mit Öl und Wein und verband sie. Dann hob er ihn auf sein Reittier und brachte ihn in den nächsten Gasthof, wo er den Kranken besser pflegen und versorgen konnte.
Lukas 10,34 (Hoffnung für alle)

Als ich zum ersten Mal davon hörte, dass es noch heute so etwas wie Menschenhandel gibt, sprach Gott durch die biblische Geschichte des barmherzigen Samariters zu mir, um mein Herz zu berühren und mir den Weg in die Zukunft zu zeigen, die er für mich geplant hatte – die NGO *A21* ins Leben zu rufen. Ich bereitete mich gerade darauf vor, auf einer Konferenz über den heutigen Bibeltext zu sprechen, als Gott meine Aufmerksamkeit auf einen Halbsatz lenkte, dem ich bislang nie besondere Beachtung geschenkt hatte: „Er ging zu ihm hin."

Je mehr ich mich mit dem Text beschäftigte, desto mehr fesselten mich diese Worte. Es war, als wollte Gott mich dadurch, dass ich eine Botschaft für meine Zuhörer vorbereitete, auch ganz persönlich ansprechen. Im weiteren Verlauf meiner Vorbereitung musste ich über all die Menschen auf dieser Welt nachdenken, die ebenso wie dieser Mann am Straßenrand liegen. Menschen, die verzweifelt, verlassen, abgelehnt, hungrig, obdachlos oder leidgeprüft sind. Und ich musste an all die vermissten Frauen und Kinder denken, deren Bilder ich auf Postern an einem Flughafen gesehen hatte – die Menschen, zu denen Gott mich und mein Team eines Tages schicken würde, damit wir sie durch die Arbeit von A21 finden, retten und ihnen eine gute Zukunft ermöglichen sollten.

Ich hatte damals viel um die Ohren – ich war Ehefrau und Mutter von zwei Kindern, die jede Menge Arbeit hatte. Ich brauchte keine weitere Aufgabe. Und dennoch war mir von Anfang an klar, dass Gott meine Pläne durchkreuzen wollte, weil er etwas Bestimmtes mit mir vorhatte. Er wollte, dass ich die Straße überquerte, um zu Menschen zu gehen, die ich nicht kannte und von denen ich nicht wusste, dass es sie gab und dass sie vermisst wurden –Männer, Frauen und Kinder, die Opfer der modernen Sklaverei waren.

Und hat der barmherzige Samariter nicht genau das getan? Er ging auf die andere Straßenseite. Er war auf der Reise, hielt aber inne und versorgte die Wunden des Mannes. Jesus hat auch meine Wunden verbunden. Er hat mich geheilt, damit ich mein Leben vertrauensvoll fortsetzen kann, stark und voller Hoffnung. Daher verspürte ich nun auch selbst den Wunsch, dabei mitzuhelfen, die Wunden anderer zu verbinden.

Wie ist es mit dir? Welche deiner Wunden hat Jesus verbunden? Vielleicht bittet er dich darum, nun deinerseits für einen bestimmten Menschen die Straße zu überqueren? Vielleicht hat er dich auf jemanden aufmerksam gemacht, der ihn noch nicht kennt. Verpass nicht die Gelegenheit, bildlich gesprochen auf die andere Straßenseite zu gehen und Jesus deine Hände und Füße zur Verfügung zu stellen. Um diesem Menschen ein Lächeln oder ein Wort der Ermutigung zu schenken, für ihn zu beten oder einer praktischen Not zu begegnen, die er oder sie gerade hat. Menschen warten darauf, gesehen zu werden. Wahrgenommen zu werden. Geliebt zu werden. Wertgeschätzt zu werden. Die Straße zu überqueren ist etwas, womit wir als Jesus-Nachfolger beauftragt sind. Wir sind aufgerufen, die Ärmel hochzukrempeln und auf die Schlachtfelder und in die Schützengräben des Lebens zu gehen. Eine verlorene, zerbrochene, verwundete Welt wartet auf uns.

Jesus, ich bin so dankbar dafür, dass du die Wunden in meinem Herzen verbunden hast. Bitte setze dein Heilungswerk in meinem Leben fort. Lass mich auch erkennen, wer in meinem Umfeld meine Hilfe braucht, damit ich auf diesen Menschen zugehe und mithelfe, seine Wunden zu verbinden. Amen.

98

Bleib, bis deine Wunden verheilt sind

Nachdem alle Männer beschnitten worden waren,
blieben sie im Lager, bis ihre Wunden verheilt waren.
Josua 5,8

Es gibt jede Menge Gründe, warum wir Frauen uns darüber beschweren könnten, dass wir Frauen sind – allen voran unser Monatszyklus und die Mühen und Schmerzen, die mit Schwangerschaft und Geburt einhergehen. Aber der heutige Vers erinnert mich daran, wie froh ich bin, dass ich kein Mann bin! Dennoch gibt es etwas in diesem Vers, das auf uns alle zutrifft. Als die Israeliten Ägypten verließen, hörten sie damit auf, die kleinen Jungen zu beschneiden. Eine Generation beschnittener Männer starb, und eine neue Generation junger Männer wuchs heran, die nicht beschnitten war. Daher befahl Gott Josua, alle Männer zu beschneiden, bevor sie in das verheißene Land einzogen.

Und das ist auch für uns wichtig. Wir müssen sicher nicht im körperlichen Sinne beschnitten werden, aber unser Herz schon.[41] Es wird immer Dinge in unserem Leben geben, die weggeschnitten werden müssen, damit wir geistlich wachsen und Frucht bringen können. Das können alte Denk- oder Verhaltensmuster sein, es können Freundschaften sein, die uns nicht länger guttun, oder Herzenshaltungen, die uns behindern. Es können sogar Dinge sein, die an sich gut sind. Manchmal müssen wir auch gute Dinge wegschneiden, um Platz zu schaffen für Gottes noch bessere Dinge.

Was ich ebenfalls sehr weise finde, ist, dass die Männer nach der Beschneidung im Lager blieben, bis ihre Wunden verheilt waren.

Auch für uns ist es sehr wichtig, dass wir, nachdem wir etwas weggeschnitten haben, den Wunden in unserem Herz genug Zeit zum Heilen lassen. Es handelt sich schließlich um Schnittwunden, und Schnittwunden sind offene Verletzungen, selbst wenn die Operation einem guten Zweck gedient hat.

Kannst du dich an eine Situation erinnern, in der Gott etwas aus deinem Leben „weggeschnitten" hat? Hat das nicht eine Wunde hinterlassen? Zum Beispiel, als du einmal eine Beziehung beendet hast, weil du erkannt hast, dass sie nicht gut für dich ist? Hat das nicht wehgetan? Und trotzdem wusstest du, dass es richtig war. Das ist eine der Situationen, in denen wir unserem Herz Zeit zum Heilen geben müssen, bevor wir unser Leben fortsetzen. Wenn wir uns nicht zuerst um diese klaffende Wunde kümmern – selbst wenn sie von einem Schnitt herrührt, der gut und richtig war –, dann kann das dazu führen, dass wir andere verletzen. Hast du schon mal unter diesem Blickwinkel über Heilung nachgedacht?

Alte Verletzungen oder Wunden, die von einer göttlichen „Beschneidung" herrühren, müssen verheilen, damit wir unser Leben mit einem geheilten Herzen fortsetzen können. Hast du vielleicht gerade eine frische Wunde? Eine, der zwar eine richtige Entscheidung vorangegangen ist, die einen guten Grund hat und die dennoch schmerzt? Bleib doch mit Gott im Lager, bis sie verheilt ist. Das wird dir helfen, in Zukunft wieder ein Stückchen stärker zu sein.

Vater, hilf mir, diese Lektion zu lernen – dortzubleiben, wo ich bin, „mein Lager bei dir aufzuschlagen", bis meine Wunden völlig verheilt sind. Bis ich wirklich bereit bin für das nächste Abenteuer, das du für mich geplant hat. Amen.

99

Verbreite deinen Wohlgeruch

Unserem ganzen Leben haftet der Wohlgeruch von Christus an; und damit loben wir Gott. Aber dieser Geruch wird von denen, die gerettet werden, anders wahrgenommen als von denen, die verloren gehen.
2. Korinther 2,15

Als ich einmal in den Sommerferien nach Ideen suchte, wie Sophia und ich Zeit miteinander verbringen konnten, entdeckte ich eine Parfümerie, die einen Nachmittagsworkshop anbot, bei dem man lernen konnte, eigene Düfte zu kreieren. Vier Stunden lang erläuterte uns ein Chemiker das Geheimnis, dass die Entwicklung von Düften eine perfekte Verbindung von Kunst und Wissenschaft ist – und dass selbst eine leichte Abwandlung der chemischen Bestandteile die Zusammensetzung und das dadurch entstehende Bouquet völlig verändern kann.

Ich lernte, dass viele Düfte dadurch entstehen, dass man Blumen, Früchte, Gräser, Gewürze, Holz und unzählige andere stark riechende Substanzen auspresst oder zermahlt. Der Zweck des Auspressens oder Zermahlens besteht darin, die ätherischen Öle freizusetzen. In der Antike wurden die natürlichen Essenzen extrahiert, gepresst, verdampft und dann verbrannt, um die Umgebungsluft zu parfümieren. Heute werden die ätherischen Öle mit viel moderneren Methoden extrahiert und mit synthetischen Duftstoffen gemischt, um den Duft zu verstärken. Dann lässt man sie eine Zeit lang reifen, bevor sie auf den Markt kommen, um so ihre volle Duftentfaltung zu erreichen. Die Kreation eines Duftes ist ein langwieriger Prozess, der verschiedene Stadien umfasst: Gewinnung der Duftstoffe, Komposition, Mazeration, Reifung, Filterung und Klärung (tage-, wochen-, oder sogar monatelang).

Nach dem Workshop musste ich unwillkürlich daran denken, wie der Wohlgeruch von Christus entsteht, wenn wir dem Druck des Lebens standhalten und in unserem Glauben reifen, wenn wir geprüft, auf die Probe gestellt und geläutert werden – wenn wir Stellen in unserem Herzen entdecken, die Heilung benötigen. Ich erkannte auch, dass unsere unbehandelten, nicht verheilten Wunden den Wohlgeruch von Christus überdecken können. Aber wenn wir Jesus erlauben, uns zu heilen, können wir unseren Mitmenschen mehr Mitgefühl, mehr Barmherzigkeit, mehr Geduld und mehr Liebe entgegenbringen. Und ist das nicht eines unserer Ziele? Ich glaube schon.

Im Laufe der mehr als dreißig Jahre, die ich schon mit Jesus unterwegs bin, habe ich erlebt: Je mehr ich selbst geheilt wurde, desto angenehmer war der Duft, den ich in meiner Ehe, meiner Rolle als Mutter und meinem geistlichen Dienst verströmt habe. Das ist Christus in mir, der anderen Menschen Mut und Hoffnung schenkt.

Und ich habe gemerkt, dass es mir leichter fällt, den schmerzhaften Prozess der Heilung zu ertragen, wenn ich mir klarmache, dass auf der anderen Seite ein wunderbarer Duft wartet – einer, der die Welt positiv beeinflusst.

Wie ist es mit dir? Hast du schon mal erlebt, was dich erwartet, wenn du ein Stückchen mehr geheilt wurdest? Hattest du den Eindruck, dass sich der Schmerz dafür gelohnt hat? Vor allem, als du gesehen hast, wie Gott diese Erfahrung auch für andere zum Guten gebrauchen konnte?

Jesus, hilf mir, deinen süßen, duftenden Wohlgeruch bei allen Menschen zu verströmen, denen ich begegne. Ich will dich heute einladen, mich zu heilen, damit ich immer besser „dufte". Ich liebe dich. Amen.

100

Geh durch die „Schöne Pforte"

Die Leute sahen ihn gehen und hörten, wie er Gott lobte. Als sie erkannten, dass es der gelähmte Bettler war, den sie so oft an der „Schönen Pforte" gesehen hatten, waren sie starr vor Staunen!
Apostelgeschichte 3,9–10

In der biblischen Geschichte, aus der dieser Vers stammt – der Geschichte von dem Gelähmten, der an der sogenannten „Schönen Pforte" saß und bettelte –, wird berichtet, dass der Mann um Geld gebeten hatte, aber Petrus bot ihm etwas anderes an: Heilung. Der Mann wollte eine kurzfristige Lösung, aber Petrus bot ihm das an, was er wirklich brauchte – nicht ein bisschen Wechselgeld in der Tasche, sondern einen Wechsel seiner Lebenssituation.

Ist das nicht typisch Gott? Etwas Hässliches zu nehmen und es in etwas Schönes zu verwandeln? Uns genau da zu begegnen, wo wir sind, und uns zu heilen? Durch unsere jämmerliche Zerbrochenheit hindurch auf das Potenzial zu blicken, das er in uns hineingelegt hat? Damit wir uns geistlich weiterentwickeln und weiter auf das Ziel zuhalten, bietet er uns Heilung an anstelle von dem, was wir zu brauchen meinen.

Wenn ich diese Geschichte im Licht meines eigenen Lebens lese, muss ich unweigerlich daran denken, wie sehr wir dazu neigen, das, was Menschen für uns tun können, zu überschätzen, und zu unterschätzen, was Gott für uns tun will. Gott sieht weiter als bis dorthin, wo wir gerade sind. Er sieht uns so, wie er uns geplant hat, als er uns erschuf.

Petrus wies den Gelähmten an, aufzustehen und zu gehen, und der Mann gehorchte. Er nahm die Mühe auf sich und stand auf. Tat einen Glaubensschritt. Und ist das nicht auch genau das, was Gott sich von uns wünscht? Gott liebt uns auch dann, wenn wir noch ganz zerbrochen sind, aber er will uns nicht in diesem Zustand lassen. Er schickt Menschen – wie Petrus und Johannes –, die uns bemerken und uns seine bedingungslose Liebe in Aktion zeigen. Und wenn er uns heilt, erreicht er dadurch wiederum andere Menschen – auch etwas, das wir im heutigen Vers nachlesen können. Als die Menschen sahen, dass der Mann durch die Schöne Pforte in den Tempel ging, waren sie vor Staunen und Verwunderung sprachlos. Bald hatte sich eine Menge versammelt und das bot Petrus die perfekte Gelegenheit zu predigen. Dieser Mann wurde zum Zeugnis für die Macht von Christius.[42] Das macht deutlich: Wenn wir geheilt werden, ist das nicht nur für uns gedacht; die Heilung zieht weite Kreise. Sie ist ein Zeugnis für all die Menschen, die durch unseren Gehorsam gesegnet werden. Als der Mann geheilt wurde, fanden viele Menschen zu Jesus.

Genau das möchte er mit uns und durch uns tun. Er will uns alle durch die Schöne Pforte führen, direkt in seine Gegenwart. Er will uns helfen, zu der Bestimmung zu finden, für die er uns erschaffen hat. Er will uns helfen, unsere Berufung zu erfüllen, damit vielen Menschen geholfen wird. Also lass uns nicht aufgeben – um unseretwillen und um seinetwillen. Und um all der Menschen willen, die wir mit seiner Einladung erreichen dürfen. Lass uns doch durch die Schöne Pforte gehen.

Vater, ich will in jedem Bereich meines Lebens und meines Herzens durch die Schöne Pforte gehen, damit ich anderen helfen kann, dasselbe zu tun. Ich will mich dir völlig anvertrauen. Amen.

Dank

Hinter jedem Buch steht ein ganzes Team von Menschen, das dem Autor oder der Autorin hilft, ihr Projekt „zur Welt zu bringen". Ich danke Gott so sehr für jede einzelne Person, die ihre Gaben, ihre Talente und ihr Herzblut in dieses Buch investiert hat.

Ich danke:

- *Elizabeth Prestwood:* Dich als Koautorin an meiner Seite zu haben, hat das Schreiben dieses Buches so abenteuerlich gemacht wie all die Trails zusammengenommen. Dies ist das siebte Buchprojekt, das wir miteinander realisiert haben, und es werden bestimmt noch viele weitere folgen. Ich werde dir für immer dankbar sein – und ich danke Gott für dich.
- *Dawn Jackson*: Danke, dass du mich eingeladen hast, mit dir wandern zu gehen. Ich hatte keine Ahnung, wohin ein einzelnes Ja führen würde, aber ich bin so glücklich über all die Abenteuer, die darauf folgten, und die, die uns noch bevorstehen.
- *Unseren Wandergefährtinnen:* Ihr habt unseren Hikes Tiefgang und Bedeutung verliehen und uns immer wieder herzlich zum Lachen gebracht. Ihr liegt mir alle am Herzen: Kate Czechowicz, Hilary Holmes, Evelyn Valenzuela, Amanda-Paige Whittington und Whitney Wood.
- *Meiner Familie:* Nick, du hast dafür gesorgt, dass ich das richtige Equipment hatte, du hast an so vielen Samstagen meinen Tagesrucksack gepackt, du hast mich bereitwillig zu den Ausgangspunkten der Trails gefahren und auch wieder nach Hause, wenn ich nicht sicher war, ob ich das schaffen würde. Danke, dass du an mich glaubst. Ich liebe dich. Catherine und Sophia, ihr bereitet mir so viel Freude. Danke, dass ihr mir erlaubt habt,

in diesem Buch so viele eurer Abenteuer zu erzählen. Ich liebe euch beide so sehr.

- *Tim Paulson, MacKenzie Howard, Kristen Parrish, Mandy Mullinix Wilson, Sabryna Lugge, Kristen Golden, Stephanie Tresner und dem ganzen Team von* Thomas Nelson: Danke, dass ihr eine Vision für *Unverwüstliche Hoffnung* hattet. Ich habe bloß *ein* Buch vor mir gesehen, ihr gleich *drei*. Ihr habt euch von ganzem Herzen in jede Phase dieses Projekts eingebracht. Ich bin so dankbar, ein so tolles Team an meiner Seite zu haben.
- *Matt Yates:* Danke für deine grenzenlose Unterstützung und Ermutigung. Du bist für Nick und mich ein echtes Geschenk.
- *Katie Strandlund-Francois:* Es ist deinem Engagement zu verdanken, dass dieses Projekt jede Entwicklungsphase korrekt durchlaufen hat und schließlich veröffentlicht werden konnte – termingerecht, professionell und kreativ. Danke *@laurieanneart*. Die Covergestaltung ist klasse.
- A21, Propel, ZOE Church, *unseren* Equip and Empower-*Teams, unseren Ehrenamtlichen, Partnern und Unterstützern:* Jesus gemeinsam mit euch in jedem Winkel der Erde zu dienen, ist das größte Vorrecht und die größte Ehre meines Lebens. Lasst uns damit weitermachen!
- *Meinem Herrn und Retter, Jesus Christus:* Du bist der Grund, aus dem ich nicht nur mein Rennen laufe, sondern meinen Lauf auch vollenden werde. Ich will dir alles zur Verfügung stellen, was ich habe und bin.

Anmerkungen

1 Internationales Olympisches Kommitte, „‚I Never Thought of Stopping': Marathon Man Akhwari on His Epic Effort at the '68 Games". 20. Oktober 2020, https://olympics.com/ioc/news/-i-never-thought-of-stopping-marathon-man-akhwari-on-his-epic-effort-at-the-68-games/

2 1. Korinther 9,24–26; Philipper 2,16; Hebräer 12,1

3 2. Timotheus 4,7 (Neue Genfer Übersetzung)

4 Hebräer 10,36 (Neue Genfer Übersetzung)

5 https://de.wiktionary.org/wiki/Durchhalteverm%C3%B6gen

6 Elberfelder Studienbibel mit Sprachschlüssel, R.Brockhaus Verlag, Wuppertal 2005. S. 2314

7 Siehe z. B. *Gute Nachricht* oder *Hoffnung für alle*

8 http://www.sportunterricht.de/sek2/kursdober/abausdauer1.html

9 „The Walls of Jericho", Israel-a-history-of.com, https://www.israel-a-history-of.com/walls-of-jericho.html.

10 Deutsch von Paul Celan; https://www.welt.de/print/die_welt/kultur/article157422295/Und-Meilen-Meilen-noch-vorm-Schlaf.html

11 „5467 Promises, Divine". In: *Dictionary of Bible Themes*, Biblegateway.com, www.biblegateway.com/resources/dictionary-of-bible-themes/5467-promises-divine

12 5. Mose 31,6; Hebräer 13,5–6

13 Lukas 4,18

14 Römer 8,28

15 Johannes 3,16; Römer 10,13; 1. Petrus 2,24; Psalm 34,18

16 1. Korinther 13,13; Epheser 2,8; Hebräer 6,19; 1. Johannes 4,16

17 Psalm 86,5; 1. Johannes 1,9; 2. Korinther 5,18–21; Psalm 23.

18 https://www.bibelwissenschaft.de/ressourcen/wibilex/altes-testament/habakuk und https://www.biblestudytools.com/dictionaries/hitchcocks-bible-names/habakkuk.html

19 Römer 1,17; 2. Korinther 5,7; Galater 3,11; Hebräer 10,38

20 „The Marine Layer", *National Weather Service*, https://www.weather.gov/jetstream/marine. Deutsche Informationen zum Beispiel hier: https://www.auf-reisen-sparen.de/marine-layer/

21 Hebräer 6,19

22 In der Elberfelder Bibel wird der Vers folgendermaßen übersetzt: „Kehrt zur Festung zurück, ihr auf Hoffnung Gefangenen! Auch heute verkündige ich: Doppeltes erstatte ich dir." Bei Luther heißt es: „Kehrt heim zur festen Stadt, die ihr auf Hoffnung gefangen liegt. Denn heute verkündige ich, dass ich dir zweifach erstatten will." In der *New International Version*, auf die die Autorin sich hier bezieht, ist diese Wendung mit „prisoners of hope" übersetzt – „Gefangene der Hoffnung".

23 Römer 8,28

24 Lukas 24,17

25 Lukas 24,18

26 Lukas 24,27

27 Lukas 24,31–33

28 Willkommen daheim. Übertragung des Neuen Testaments, übersetzt von Fred Ritzhaupt, © 2009 by Gerth Medien in der SCM Verlagsgruppe GmbH, Asslar

29 „About the Race". Absa Cape Epic, https://www.epic-series.com/capeepic-event-overview. Siehe auch: https://de.wikipedia.org/wiki/Cape_Epic

30 Amplified Bible

31 4. Mose 14,30

32 4. Mose 13,27

33 4. Mose 13,30

34 4. Mose 13,33

35 4. Mose 14,24

36 T. Prendergast: „Hope (NT)". In: D. N. Freedman, Hrsg.: *The Anchor Yale Bible Dictionary*, Bd. 3. New York: Doubleday, 1992. S. 282–283

37 Hebräer 6,19

38 Matthäus 27,50–51

39 Gute Nachricht; vgl. auch Neue Genfer Übersetzung

40 Römer 8,28; Jesaja 43,7; Psalm 119,1–4

41 5. Mose 30,6

42 Apostelgeschichte 4,4